11 상담 및 심리치료 이론 시리즈

게슈탈트 상담

장현아 저

Theories of Counseling
and Psychotherapy

학지사

머리말

내가 게슈탈트 상담을 처음 접한 것은 2000년 무렵이었다. 당시 석사 과정 학생이었던 나는 게슈탈트 집단상담에 참여하여 '지금 여기'의 과정 중심 접근에 대해 알게 되면서 매우 신선한 충격을 받았다. 또한 표면적이고 일회적인 문제 해결에 초점을 두기보다 지금 여기에서 드러나는 과정을 통해 내담자의 핵심 주제로 관통하여 들어가는 정확성과 직접성에 흠칫 놀라기도 하였다.

본격적으로 게슈탈트 상담을 접하게 된 것은 그로부터 꽤 많은 시간이 흐른 후 김정규 선생님이 지도하는 5박 6일의 게슈탈트 지도자 과정에 참여하면서부터이다. 총 6회의 지도자 과정과 이후에 진행된 3회의 전문지도자 과정을 이수하면서 우선 나 자신의 변화를 체험할 수 있었다. 내면의 다양한 정서와 욕구, 모순되고 대립되는 양극성들을 알아차리고 허용하는 것, 그리고 나-너 관계에서 확인되는 경험은 큰 선물이자 은총이었다.

게슈탈트 상담은 '지금 여기'를 강조하는 실존적 · 경험적 · 실험적 접근이다. 게슈탈트 상담은 현상학과 장 이론에 기반하고 있기 때문에, 그 특성상 상담의 시작부터 마지막까지 어떻게 진행해야 하는지를 구조화하여 설명하기가 어렵다. 많은 상담자가 게슈탈트 상담을 직간접적으로 체험하고 나서 이를 자신의 임상 현장에도 적용하려고 시도하지만, 게슈탈트 상담의 전반적 과정을 배우고 익히는 것이 쉽지 않음을 경험한다. 나 역시 내담자로서 게슈탈트 상담을 직접 체험하며 그 매력과 강력한 효과에 흠뻑 매료되었지만, 상담자로 돌아와 이를 내담자에게 적용할 때는 여러 가지가 정리되지 않아 혼란스러웠다. 가장 기본적인 개념인 알아차림과 접촉이 정확히 무엇을 뜻하는지, 이 둘은 어떤 관련이 있는지, 게슈탈트 상담에서 접수 면접과 진단적 평가는 어떻게 해야 하는지, 과정을 따라간다는 것이 무슨 뜻인지, 장이란 무엇인지 등과 같은 많은 질문을 가지고 있었다.

게슈탈트 상담에 대한 이론적 이해를 얻기 위해 참고할 수 있는 저술은 여럿 있었지만 답을 찾는 과정이 쉽지는 않았다. 내용이 너무 자세하고 방대해서 정확하게 핵심을 찾아내기 어렵거나 아름답고 예술적이기까지 한 내용에 감동을 받았지만 상담의 실제에 대한 구체적인 언급을 찾을 수 없는 경우도 있었다.

이 책은 게슈탈트 상담자의 길을 걸어가고자 걸음을 떼는 이들에게 친절한 안내서가 되기를 바라는 마음으로 집필하였다. 게슈탈트 상담자로서 내가 겪었던 시행착오와 궁금했던 부분들을 떠올리며 추상적인 이론을 좀 더 이해하기 쉽게 설명하고, 임상 현장에 적용할 수 있는 구체적 방법을 제시하고자 하였다. 이 과정에서 게슈탈트 상담이 단순화되고 축소될 위험도 없지는 않겠으나, 이 책과 더불어 다른 저술들을 참고한다면 이론에 대한 이해를 풍부하게 해 나갈 수 있으리라 생각한다.

또한 이 책에서는 게슈탈트 상담의 근간이 되는 이론적 배경과 철학, Perls 이후 보다 대화적이고 장 이론적으로 발달해 온 현대 게슈탈트 상담의 모습을 공유하고자 하였다. 일반적인 상담 이론서에는 펄스식 게슈탈트 상담이 주로 소개되어 있고, 전문가들조차 게슈탈트 상담에 대해 상당 부분 오해하고 있다는 인상을 받을 때가 적지 않기 때문이다.

그러나 막상 책을 저술하다 보니 게슈탈트 상담의 정신과 매력을 충분히 담아내기에는 아직 나의 경험과 역량이 부족함을 느꼈다. 앞으로의 성장과 변화 과정 속에서 이 책의 내용을 보완할 기회를 갖기를 기대해 본다.

끝으로, 집필 과정에서 인내심을 가지고 지지해 주신 학지사의 모든 분께 감사드린다.

2021년 1월
'흐르는 물' 장현아

차례

1장
Fritz Perls의 생애와 게슈탈트 상담

마음에서 벗어나 감각으로 돌아오라!

(Lose your mind, and come to your senses!)

Perls, Hefferline & Goodman, 1951, p. 232.

1. 출생 및 성장기(1893~1925)

F rits Perls(이후 Perls로 칭함)는 1893
년 독일 베를린에서 중하층 유대인
집안의 2녀 1남 중 막내로 태어났다. 어머
니인 Amelia Rund는 정통 유대교 환경에
서 자란 반면, 아버지인 Nathan Perls는 무
신론자였는데 외도를 일삼았고 자녀들에

게도 관심이 거의 없었으며 가정을 돌보지 않았다. 어린 Perls는 부모의 싸우는 모습, 심지어 아버지가 어머니를 구타하는 장면을 목격하기도 하였고 겉으로만 신앙이 독실한 척하는 부모의 위선적인 모습에 환멸을 느껴 자신은 무신론자가 되겠다고 선언하기도 하였다. Perls는 아버지와 사이가 좋지 않았고 점점 더 관계가 악화되어 20대 말부터는 서로 대화도 나누지 않은 것으로 알려져 있다(Shepard, 1975).

Perls는 위로 두 명의 누이가 있었는데, 각각에 대한 감정에는 큰 차이가 있었다. Perls는 바로 위 누이 Grete에 대해서는 상당한 애정을 표현한 반면, 3년 위인 Else에 대해서는 노골적으로 부정적인 감정을 드러냈다. Else는 선천적으로 시력에 문제가 있어 늘 어머니 주변에 가까이 붙어 있었는데, Perls는 이를 의존적이라고 보고 함께 있는 것을 불편해하였다. 심지어 Else가 포로수용소에서 사망했다는 소식을 듣고도 애도하지 않았다고 전해지고 있다.

Perls가 어린 시절을 행복했다고 회고하는 것에 비해서 학창 시절은 순탄치 않았다. 7학년 때는 두 번이나 낙제를 하였고 결국 퇴학을 당하기도 하였다. 다행히 14세 때 다른 학교에 입학한 후 한 교사의 제안으로 연극에 참가하고 연기에 관심을 가지게 되면서 상황이 달라지기 시작했다. Perls는 Max Reinhardt 감독의 지도하에 연극을 본격적으로 배우면서 사람들의 몸짓이나 걸음걸이, 목소리 등의 비언어적 메시지가 말의 내용 못지않게 중요하다는 것을 알게 되었고, 이는 연극적 재능과 함께 훗날 그의 치료 방식에도 많은 영향을 미치게 되었다.

Perls는 고등학교 졸업 후 베를린 의과대학에 진학하였고, 1916년에 군의관으로 근무하면서 전쟁의 참상을 목격하게 되었다. 끔찍한 대량 학살이 일어나는 전쟁이 소수의 이익을 위한 것일 뿐이라는 생각을 하면서 전쟁 이후에는 반정부 운동이나 좌익 정치 활동에 적극적으로 참여하기도 하였다(Clarkson & Mackewn, 1993). Perls는 전쟁 말에 의학 공부를 마치고 1920년, 28세의 나이에 의학박사 학위를 받은 후 베를린, 프랑크푸르트, 빈의 정신분석 연구소에서 정신분석 훈련을 받았다.

2. Laura와의 만남과 결혼 생활(1926~1930)

Perls는 1926년에 프랑크프루트의 뇌손상 군인을 위한 연구소에서 일하게 되었는데, 당시 게슈탈트 심리학자인 Kurt Goldstein의 조수로 일하고 있던 미래의 아내 Laura를 만나게 된다. 1920년대 프랑크프루트의 시대정신(Zeitgeist)은 실존주의, 현상학, 전체론, 게슈탈트 심리학, 정신분석, 행동주의 등으로 가득 차 있었고, Martin Buber, Paul Tillich, Kurt Goldstein, Adhemar Gelb, Max Wertheimer와 같은 유명한 철학자나 심리학자들이 프랑크프루트 주변에 살면서 활동하고 있었다. Laura는 실존주의 신학자인 Paul Tillich와 Martin Buber의

사상에 직접 영향을 받았고 현상학에도 조예가 깊었는데, 이는 이후 게슈탈트 상담 이론에 중요한 영향을 미쳤다.

Perls와 Laura는 1929년 베를린에서 결혼하였고 1931년에 첫째 자녀 Renate가 태어났다. Perls는 게슈탈트 상담에서 자기 책임을 무척 강조하였지만 정작 스스로의 결혼 생활에 있어서는 무책임한 모습을 보였다. 자신이 결혼에 적합한 사람이 아니며, 결혼할 만큼 Laura와 깊은 사랑에 빠지진 않았지만 결혼에 대한 압박을 느꼈다고 하는가 하면(Shepard, 1975), 자녀에 대해서도 무관심한 모습을 보였다. 또한, 결혼 생활 중 혼외 관계를 갖기도 하였다. 아이러니하게도, Perls가 가정생활에서 보인 모습은 자신이 증오했던 아버지의 모습과 매우 닮아 있다.

3. 남아프리카에서의 삶: 정신분석과의 결별(1933~1945)

1933년 히틀러가 독일의 총통이 되고 독일 내에서 유대인에 대한 탄압이 심해지자, Perls는 이를 피해 1934년 남아프리카로 이주하였다. 남아프리카에 있는 동안 둘째 자녀인 Steve가 태어났고, 정신분석 연구소를 설립하였다.

이 시기에 중요한 사건이 일어나는데, 1936년 체코에서 열린 국제정신분석학회 학술대회에 참가하여 발표한 Perls의 논문이 처참하게 묵살된 것이다. Perls는 항문기를 논박하는 내용인 「구강 저항(Oral Resistances)」이라는 논문을 발표하였는데, 이는 당시 정신분석학파에서 이단으로 취급되었다. 게다가 기대했던 Freud와의 첫 만남에서 모멸감까지 경험하게 되면서 이 사건은 Perls가 정신분석과 결별하는 중요한 계기가 되었다.

이후 Perls는 정신분석으로부터 보다 자유로워지기 시작했고 자신만의 이론을 적극적으로 발전시켰다. Perls의 첫 저서인 『자아, 허기 그리고 공격성(Ego, Hunger and Aggression: A Revision of Freud's Theory and Method)』은 1942년 남아프리카에서, 1947년 영국에서 각각 출판되었는데, 'Freud 이론과 방법의 수정'이라는 부제는 Perls가 아직 정신분석과 완전히 단절하지는 못했음을 보여준다. 그러나 재출간할 때는 부제를 '게슈탈트 치료의 시작(The Beginning of Gestalt Therapy)'으로 수정하였다.

비록 Freud와의 만남이 큰 실망감을 남긴 채 끝났지만, 당시 남아프리카 총리였던 Jan Smuts와는 의미 있는 만남이 이루어졌다. Perls는 Smuts의 저서 『전체론과 진화(Holism and Evolution)』에 깊은 인상을 받았고, 개체와 환경을 서로 분리된 것이 아니라 상호 의존하는 하나의 전체로 보는 통합적인 시각을 확립하기 시작하였다.

4. 미국에서의 삶: 게슈탈트 상담의 태동(1946~1969)

Perls는 남아프리카의 정치 상황이 악화되자 1946년 자신의 정신분석가였던 Karen Horney의 도움을 받아 뉴욕으로 거처를 옮기게 되었다. 그는 뉴욕에서 게슈탈트 상담의 공동 창시자가 된 Paul Goodman과 Ralph Hefferline을 만나게 되었고, 1951년에 『게슈탈트 치료: 인간 성격에 있어서의 흥분과 성장(Gestalt therapy: Excitement and Growth in Human Personality)』을 공동 저술하여 출간하였다. Perls는 초창기에 자신의 치료를 '집중 치료'라고 명명했었는데, 이 책을 발간하면서 처음으로 '게슈탈트 치료'라는 용어를 사용하기 시작하였다. 이 책은 게슈탈트 치료에 입문하는 사람들에게 여전히 훌륭한 안내서로 남아 있다.

Perls는 1952년에 Laura, Paul Goodman과 함께 최초의 게슈탈트 치료 연구소를 뉴욕에 개소한 데 이어서 1955년에는 클리블랜드 게슈탈트 치료 연구소를 설립하였다. 그는 1940년대 후반부터 치료자 훈련 프로그램을 시작하였고, 1950년대에는 게슈탈트 치료를 널리 알리고 소개하기 위해서 여러 도시에서 집중 워크숍을 활발히 진행하였다.

뉴욕에 있는 동안 Perls는 Paul Goodman과 아내 Laura에 대한 심한 경쟁의식을 가졌던 것으로 알려져 있으며(Clarkson & Mackewn, 1993), 당시 심장 이상 징후까지 나타나면서 Laura와 떨어져 마이애미로 거처를 옮기게 되었다. 그리고 그곳에서 Marty Fromm을 만나 혼외 관계를 갖게 되었는데, Perls가 Marty Fromm과 연인이면서 내담자로서 이중 관계를 맺었던 것은 당시에도 많은 논란을 낳았으며 현재까지도 매우 비윤리적이고 무책임한 행동으로 평가되고 있다. 오늘날 게슈탈트 상담자는 내담자와 성적 접촉을 하지 않는 것을 윤리적 지침으로 준수하고 있다.

2년여간 이어졌던 Marty Fromm과의 관계가 깨지고 난 후, Perls는 18개월에 걸쳐 샌프란시스코, 뉴욕, 독일, 일본 등 세계 여러 곳을 여행하였는데, 그중 일본에 머무는 동안 선불교를 공부하였다.

Perls는 1963년에 다시 미국으로 돌아가 1969년까지 에살렌 연구소에서 게슈탈트 치료를 발전시켰고 1969년 세 번째 저서인 『게슈탈트 치료 축어록(Gestalt Therapy Verbatim)』을 출간하였다.

5. Perls의 말년과 치료 공동체 창립(1969~1970)

Perls는 1969년 5월에 캐나다 코위찬 호숫가에 게슈탈트 치료 공동체를 설립하여 그 해 12월까지 머물렀다. Perls는 치료 공동체에서 게슈탈트 훈련 워크숍을 운영하였고 게슈탈트 치료자들에게 교육과 성장의 기회를 제공하고자 하였다.

Perls는 코위찬에 머무는 동안 두 권의 책을 집필하였는데, 네 번째이자 마지막 저서가 된 자서전 『쓰레기통의 안과 밖(In and Out the Gabage Pail)』이 그 하나이다. 자신의 삶 자체가 생생하고 충만한 게슈탈트가 되기를 소망했던 Perls의 바람은 그의 자서전 곳곳에 드러나 있다. 다른 하나는 사후에 출간된 『게슈탈트 접근과 눈으로 보는 치료(Gestalt Approach and Eye Witness to Therapy)』이다. 이 책은 특별히 Perls의 이론을 충분히 이해하지 못한 채 기법의 사용에 치중해 있는 치료자들을 염두에 두고 쓰였다.

　Perls는 코위찬을 마음의 고향으로 여겼고 그곳에서의 삶에 매우 만족했지만, 말년에 건강이 무척 악화되었고 췌장암 의심 진단을 받은 후 1970년 3월 14일 77세의 나이에 시카고에서 심장마비로 사망하였다(Shepard, 1975).

> 쓰레기통 속에서
> 쓰레기통 속으로
> 내가 만든 걸 버린다.
> 살아 있는 것도, 죽은 것도,
> 슬픔도 의기양양함도.
>
> 기뻤거나 서러웠던 일들을 다시 살펴본다.
> 온전했거나 미쳤던 일들,
> 사랑받았거나 거절당했던 일들.
>
> 쓰레기, 혼돈은 이제 그만!
> 어지러운 혼란 대신
> 의미 충만한 게슈탈트가 되어라.
> 내 인생 종점에서.

(Perls, 1969a)

2장
게슈탈트 상담의 배경:
게슈탈트 상담의 태동에 영향을 준 이론

어떤 새로운 사조나 이론은 그 이전 것에 대한 반동으로 일어나는 경우가 많다. 19세기 말은 물리학과 화학 분야에서의 새로운 발견들과 함께 Darwin의 이론이 등장한 시기로 인간을 생물학적인 존재로 완전히 이해할 수 있다는 과학적 자신감으로 가득 차 있었다.

과학으로서의 심리학이 시작된 것도 이 무렵으로, Wilhelm Wundt는 1879년 독일 라이프치히의 실험실에서 현대 심리학의 출발을 알렸다. 당시 자연과학의 학문적 사조를 따라 심리학의 연구 방법도 매우 원자론적인 접근을 취하였는데, 즉 인간의 지각, 인지, 행동 등 복잡한 현상을 연구할 때 물리학이나 화학에서 연구 대상인 물질을 개별 요소로 분리하여 그 성질을 분석할 수 있다고 보는 것과 비슷한 방식으로 접근하였다(Wheeler & Axelsson, 2014). 예를 들어, 인간의 청각을 연구하고자 할 때 소리를 가능한

한 가장 작은 물리적 단위로 분해하고 이를 정확하게 측정함으로써 청각 과정을 이해할 수 있다고 생각했다. 그러나 정확한 물리적 수치로 인간 행동의 연관성을 규명하고자 하는 방법은 전체로서의 인간 행동을 이해하고 예측하는 데는 한계가 많았다. 원자를 아는 것이 물리적 세계를 이해하는 데 필요할 수는 있지만, 각 원자를 세고 다시 합하는 것만으로는 인간 이해에 충분하지 않다. 인간이 어떻게 단순한 자극-반응 연합으로 이루어진 정적인 세상과 역동적이고 복잡한 실제 세상 간의 간극을 채우고, 수많은 자극 중 어떤 것은 받아들이고 어떤 것은 거부하며, 하나의 의미 있는 전체 경험을 만들어 내는지에 대한 답을 찾으려면 그 이상이 필요했다(Wheeler & Axelsson, 2014).

게슈탈트 상담이 태동했던 1940년대는 제2차 세계대전을 겪으면서 그동안 견고하게 받아들여졌던 뉴턴(Newton)식 세계관이 도전을 받고 새로운 가치가 요구되던 시기였다. 뉴턴식 세계관이란 삶이 본질적으로 화학적 · 물리적 · 기계적 현상이라는 관점이다. 이는 마치 어떤 기계의 부품을 모아 조립하면 전체 기계가 된다는 생각으로, 겉으로 드러난 인간의 심리적 증상도 이면의 근본적인 무의식적 동기로 환원할 수 있다고 보고 '이것의 문제는 이것이다.'라는 식의 직접적이고 일대일로 대응하는 인과관계를 가정한다.

그러나 Newton의 과학적 모델은 Einstein의 등장과 함께 극적인 변화를 맞이하게 된다. 1905년과 1915년에 각각 Einstein의 특수성 이론과 일반 상대성 이론이 발표된 이후, 과학적 세계관은 크게 바뀌었다. Einstein은 궁극적으로 우주를 하나의 나눠질 수 없는 전체로 보아야 한다고 주장했고, 모든 것이 변화할 뿐 아니라 유동적이라는 보다 과정 중심적인 관점이 점차 우세해졌다 (Schulz, 2013).

이러한 시대적 분위기 속에서 당시 주류 심리치료였던 정신분석이 갖는 결정론, 환원주의, 주지화 경향에 반대하며 심리치료의 제3동향으로 불리는 인본주의 상담이 태동하게 되었고, 게슈탈트 상담은 그 중심으로 성장하기 시작하였다.

게슈탈트 상담의 발달 배경에는 정신분석 외에도 Wilhelm Reich의 신체 이론, Salomo Friedlaender의 창조적 무관심, Kurt Goldstein의 유기체 이론, Kurt Lewin의 장 이론, Max Wertheimer 등의 게슈탈트 심리학, Edmund Husserl의 현상학, 도가와 선 사상 등 다양한 이론의 영향이 있었다. 이 중 장 이론과 현상학은 이어지는 장에서 자세하게 다룰 것이므로 여기서는 Freud의 정신분석, Reich의 신체 이론, Friedlaender의 창조적 무관심, Goldstein의 유기체 이론, 게슈탈트 심리학에 대해서 설명하겠다.

1. Sigmund Freud의 고전 정신분석: 전이관계와 치료자와의 접촉

Freud의 정신분석은 게슈탈트 상담의 출발점이다. Perls(1969a)는 자서전에서 Freud와 정신분석 이론이 자신에게 중요한 영향을 미쳤다고 직접 밝혔으며, 심지어 그의 첫 번째 저서인『자아, 허기 그리고 공격성』(1947)의 부제는 'Freud 이론과 방법의 수정'이었다가 1969년에 이르러서야 '게슈탈트 치료의 시작'으로 바뀌었다. Perls는 1세대 정신분석가들과 함께 정신분석을 공부하였는데 이들이 게슈탈트 상담의 발달에 영향을 준 것은 자명하다. Perls는 분석가로서의 수련을 마친 후 베를린에서 Freud 학파의 분석가로 활동하기도 하였다.

정신분석이 게슈탈트 상담에 미친 중요한 영향 중 하나는 상담자와 내담자의 관계가 상담 과정에 핵심적이라는 관점이다. 그러나 치료적 접근에 있어서는 큰 차이가 있는데, 정신분석에서는 상담자와 내담자 사이에 일어나는 전이 현상을 분석하는 과정을 통해 치료가 가능하다고 본 반면, 게슈탈트 상담은 전이분석보다는 현실 접촉을, 빈 스크린 역할보다는 적극적인 현전을 중요시한다. 정신분석과 게슈탈트 상담은 시간에 대한 관점에서도 차이를 보이는데, Freud가 생후 첫 5년을 성격 발달에 있어 가장 중요한 시기로 보고 과거에 초점을 맞춘 반면, Perls는 지금 현재를 강조하였다. 또한 Perls는 무의식의 개념을 채택하기는 했지만, 무의식을 의식이 도달할 수 없는 억압된 영역이 아니라 단지 지금 알아차리지 못한 것이라고 보았다. 정신분석이 인간을 분해하고 분석하여 지적인 이해에 이르는 것을 강조했다면, 게슈탈트 상담은 현상학적 초점화를, 뉴턴식 이분법보다는 장 이론과 과정을 중요시하며 발달하였다.

2. Wilhelm Reich의 신체 이론:
말의 내용보다 표현 방식, 신체 감각, 직면을 활용

정신분석가 중에서도 Reich는 게슈탈트 상담의 발달에 가장 직접적인 영향을 준 인물이다. Perls는 1931년부터 1933년까지 Reich에게 분석을 받았고, 게슈탈트 상담의 공동 창시자인 Paul Goodman 역시 Reich의 학생 중 한 명인 Alexander Lowen의 내담자였다.

Reich는 정신분석가이지만 1930년에 Freud와 결별하였는데, 그 이유는 Reich가 과거보다 현재를 중요시했기 때문이라고 알려져 있다. 또한, 내담자의 말의 내용보다는 표현 방식과 신체 언어에 관심을 갖는 새로운 방식의 접근을 취하였다. 그는 당시의 정신분석가들과 달리 내담자와 좀 더 접촉을 하기 위해서 카우치 뒤가 아니라 옆에 앉아서 치료를 하였고 결국 비엔나 정신분석협회(Vienna Psychoanalytic association)에서 추방되기에 이르렀다.

Perls가 Reich에게 영향을 받아 게슈탈트 상담에 적용한 구체적인 부분은 다음과 같다. 첫째, Reich는 감정과 신체 에너지는 밀접한 관계가 있으며 감정이나 욕구가 차단되면 그 에너지가 근육과 내부 장기에 저장된다고 보았다. 따라서 근육을 이완시켜 주면 차단된 감정과 욕구도 자유로워질 수 있다고 생각하여 신체 이완을

치료에 자주 활용하였다. Reich가 내담자의 신체 긴장이 어디에 있는지 찾고 이를 이완시키는 방식을 취했던 것과 유사하게 Perls도 신체 감각 알아차림을 중요시한다. 둘째, Reich에게 받은 또 다른 영향 중 하나는 내담자가 지금 여기에서 하고 있는 물리적 행동은 내적으로 일어나고 있는 것을 겉으로 보여 주는 것이라고 여기고 이에 주목한 것이다. Perls는 내담자의 말보다는 표현 방식을 이해하는 것을 강조한 Reich의 생각을 받아들였다. 셋째, Reich는 자기 책임을 회피하고 외부로부터 지지를 구하는 내담자의 행동이나 패턴을 좌절시키기 위해 직면을 자주 사용하였다. Reich는 좌절을 통해서만 성장이 일어날 수 있다고 보았는데, Perls도 이런 관점을 채택하여 자기 책임을 강조하고 직면을 종종 사용하였다.

3. Salomo Friedlaender: 제로 센터와 양극 간 균형의 중요성

 Perls는 "나는 인생에서 세 명의 스승을 만났다. 그중 첫 번째가 Friedlaender이다." 라고 말할 정도로 Friedlaender에게 많은 영향을 받았다. 독일 철학자인 Friedlaender는 자신의 저서 『창조적 무관심(Creative Indifference)』에서 모든 것은 양극으로 분화되는데 만일 어느 한쪽으로 치우치면 균형이 깨지며, 중간 지점

또는 제로 센터(zero center)에 머물 때 비로소 균형을 갖고 정확하게 양면 전체를 조망할 수 있게 된다고 하였다. 제로 센터는 변화가 일어나는 지점으로, Perls(1973)는 이를 '충만한 진공(fertile void)' 개념으로 발전시켜서 게슈탈트 상담에 통합하였다. 충만한 진공 상태에서는 혼란이 사라지고 자신의 내면에서 일어나는 모든 현상을 선명하게 알아차릴 수 있다. 게슈탈트 상담에서는 자기의 소외되거나 통합되지 않은 부분을 극(polarities)으로 보고 양극을 모두 재소유하는 것을 중요시하며, 어느 한 측면만 보는 태도에서 벗어나 중간 지점에 머물 수 있다면 유기체의 구조와 기능에 대해 더 깊은 통찰을 얻을 수 있다고 보았다(Perls, 1969a).

4. Kurt Goldstein의 유기체 이론: 유기체의 전체성

Goldstein의 유기체 이론에서는 통합적이고 전체적인 관점에서 인간을 바라보며, 정상적이고 건강한 사람은 하나의 통일된 전체 유기체로서 반응한다고 가정한다 (Goldstein, 1939). Goldstein은 제1차 세계대전 후 뇌손상 환자들을 보면서 어느 한 부위  의 손상이 부분에만 그치는 것이 아니라 몸 전체에 영향을 준다는 것을 발견하였고, 인간은 하나의 전체적인 유기체라는 생각을 받아들이게 되었다. Perls는 Goldstein과 함께 뇌손상 연구소에서 일하면서 그의 유기체 이론에 깊은 인상을 받았고, 인간 이해에 있어 파편화되고 부분적인 접근을 반대하고 전체적 관점을 발달시키는 데 상당한 영향을 받았다.

Goldstein은 Kurt Lewin이 장 이론을 발전시키는 데도 영향을 주었는데(Lewin, 1951), 그의 장 이론은 이후 게슈탈트 상담의 중요한 이론적 토대가 되었다. Lewin은 게슈탈트 심리학자인 Wertheimer의 제자 중 한 명이었으며, 장 이론을 통해 지각에 초점을 두었던 게슈탈트 심리학 이론을 전반적 인간 경험에까지 확대하여 적용한 인물이다.

5. 게슈탈트 심리학: 전체는 부분의 합보다 크다

20세기 초 게슈탈트 심리학은 심리학 분야에서 이미 확립된 가정들에 반하는 연구로부터 시작되었다. 당시 우세하던 이론들은 요소주의, 연합주의, 의미 이론 등이었는데 이 이론들은 감각 자극의 개별 단위가 독립적으로 존재하며, 이들을 합치면 더 큰 지각적 구조물로 나타난다고 가정한다. 이는 인간 경험을 부분으로 쪼개고 요소로 나누는 원자주의적 경향이 19세기 심리학 이론에 적용되었다는 것을 보여 준다(Schulz, 2013). 이에 비해 게슈탈트 심리학자들은 '전체는 부분의 합보다 크다'는 모토하에 원자론과 연합주의가 제시하지 못한 답을 찾기 위한 새로운 시도를 하였고,

경험은 단편적인 조각들의 조합이 아니라고 주장하였다.

게슈탈트 심리학의 가장 큰 공헌 중 하나는 지각을 전체적 과정으로 보았다는 점이다. 게슈탈트 심리학자들은 인간이 세상을 전체, 패턴으로 인식한다는 것과 개별 자극들을 하나의 의미 있는 전체로 조직화하여 지각하는 경향성이 있다는 것을 발견하였다. 인간은 분리된 개별적 자극에 일일이 반응한 후 그것들을 결합하는 것이 아니라, 전체 장을 구성하고 있는 부분의 관계를 즉각적으로 조직화한다. 즉, 전체로 인식한다. 그리고 이것을 게슈탈트라고 한다(Gold, 1999).

게슈탈트 심리학자들의 실험을 통해서도 우리는 실험동물이 학습한 것이 단순 자극 간 구별인지 아니면 전체적 맥락에서의 상대적인 크기인지를 알 수 있다. 이 실험에서는 먼저 실험동물에게 1인치와 2인치 디스크 중에서 2인치 디스크에 반응할 때만 보상을 주어서 학습하게 한 다음, 1인치 디스크를 없애고 대신 4인치 디스크를 제시했을 때 실험동물의 반응을 관찰하였다. 결과는 4인치 디스크에 반응을 하는 것으로 나타났는데, 즉 실험동물은 단순 자극 하나에만 반응하는 것이 아니라 주어진 맥락 속에서의 자극에 반응하였다.

이러한 결과는 인간의 지각 과정을 수동적인 자극-반응 연결로만 축소시킬 수 없다는 것을 말해 준다. 오히려 인간은 자극을 하나의 전체로 해석하기 위해 적극적인 판단을 하며 이때 맥락 안에서 상대적인 입장을 취한다. 지각 과정에 이미 판단 과정이 포함되어 있는 것이다.

또 다른 예로 멜로디를 생각해 볼 수 있다. 시작하는 음이 달라지거나 연주되는 키가 바뀌어도 우리는 여전히 같은 곡조를 인식한다. 만일 절대적인 물리적 자극인 주파수에 직접적으로 반응한다면 어떻게 이것이 가능하겠는가? 우리는 어떤 하나의 주파수나 음이 아니라 하나의 전체로서의 멜로디, 즉 전체 패턴이나 주파수의 상대적 간격에 반응한다(Gold, 1999).

게슈탈트 심리학자들은 이 밖에도 여러 지각 원칙을 발견하였다(Koffka, 1935; Köhler, 1938; Wertheimer, 1925, 1938). 인접한 물체들을 묶어 하나의 전체로 지각하는 근접의 원칙, 유사한 것끼리 묶어서 인지하는 유동의 원칙, 완성되지 않은 형태도 빈 부분을 채워 완결시켜 인지하는 폐쇄의 원칙 등이 그 예인데, 이러한 지각 원칙들은 이후 기억, 학습 등을 넘어 예술 분야에도 적용되었다. Perls는 게슈탈트 심리학의 지각 원칙들을 게슈탈트 상담에 적용하였는데 대표적으로 전경과 배경 개념, 미해결 과제 등이 있다.

게슈탈트 심리학이 게슈탈트 상담에 미친 중요한 영향을 한 가지 더 언급하자면, 그것은 게슈탈트 심리학자들이 직접적인 경험에 가치를 두고 현상학적 탐색 방법을 중요시했다는 점이다. 이러한 특성은 게슈탈트 상담의 경험 중심적인 접근으로 이어진다(Schulz, 2013).

이와 같이 게슈탈트 상담이 태동하기까지 다양한 이론이 영향을 주었다. 게슈탈트 상담의 기본 토대를 마련한 Perls 자신도 다양한 배경으로부터 영향을 받았음은 말할 것도 없다. 의학 공부를 마친 후 당시 주류 심리치료였던 정신분석 훈련을 받았던 것, 유기체 이론, 게슈탈트 심리학, 실존주의 철학 등을 접한 경험, 제1차 세계대전의 참상을 목격한 것, 유대인에 대한 나치의 탄압을 피해 고향을 떠나 이주했었고 정신분석 학계로부터 자신의 이론이 배척당했던 경험 등은 모두 Perls가 게슈탈트 상담 이론을 발전시키는 데 영향을 주었을 것이다.

3장
Perls의 한계와 현대 게슈탈트 상담

대부분의 심리치료가 한계를 가지고 있다는 것은 그리 새삼스러운 사실이 아니다. 그리고 각 치료의 한계에 대한 지적은 대개 그 치료의 초기 형태에 기반을 둔 것이 많다. 정신분석을 포함한 많은 심리치료 이론은 창시자의 버전을 그대로 보존해 온 것이 아니고 많은 진화를 거듭해 현재의 모습에 이른 것이다. 게슈탈트 상담 역시 치료 관계의 핵심으로 대화적 관계를 보다 강조하고 장 이론을 정교화하면서 Perls 이후 많은 발달을 이루어 왔다. 그러나 자기 책임을 갖게 하기 위해 직면을 지나치게 강조하고 기법을 통해 극적인 카타르시스를 일으키는 펄스식 게슈탈트 치료의 강렬한 영향으로 인해 여전히 많은 오해가 남아 있는 것이 사실이다. 게슈탈트 상담이 많은 이의 관심을 끌고 대중성을 확보하게 된 데에는 Perls의 공로가 크지만, 게슈탈트 상담의 핵심이 충분히 전달되지 못한 점은 안타까운 일이다. 이 장에

서는 Perls의 한계를 살펴보고 게슈탈트 상담에 대한 오해를 바로
잡고자 한다.

1. Perls의 한계와 펄스이즘

오랜 기간 Perls, 빈 의자 기법, 게슈탈트 상담은 거의 동의어로
생각되어 오다시피 했다. 게슈탈트 상담이 받고 있는 많은 오해
는 상당 부분 펄스이즘(Perls-ism)이라고도 불리는 1960년대의 펄
스식 치료방식과 1980년대 이후 보다 관계적 접근을 강조하며 발
전해 온 게슈탈트 상담을 구분하지 않은 데 기인한다(Clarkson &
Mackewn, 1993; Dublin, 1977).

Perls는 게슈탈트 상담의 대표적인 창시자이면서 게슈탈트 상
담의 발달과 대중화에 많은 기여를 한 것이 사실이지만 동시에
약점과 한계를 가지고 있기도 하다. Perls는 카타르시스와 직면
에 중점을 두고 극적인 치료 방식을 선호한 반면, 배경에 대해서
는 충분한 주의를 기울이지 못했다는 평가를 받는다(Mackewn,
1997). Perls는 게슈탈트 상담을 창안했을 당시 주류 심리치료 접
근이었던 정신분석의 지나친 주지화에 대한 반동으로 지금 여기
의 즉흥적인 체험을 강조하였는데, 이러한 Perls의 치료 방식은
1960년대에는 매우 큰 인기를 끌었으나 몇 가지 제한점을 가지고
있었다.

Dublin(1977)은 펄스식의 게슈탈트 치료를 펄스이즘이라고 지

칭하여 게슈탈트 치료와 구분지었는데, 대표적으로 비지성적 자세, 자율성을 성숙으로 보는 관점, 비지지적 태도 세 가지에 대해 비판하였다. Dublin의 지적을 포함하여 Perls의 한계에 대한 평가와 비판(Dolliver, 1981; Dublin, 1977; Kovel, 1976, 1991; Masson, 1989) 중 주목할 만한 점들을 요약해 보면 다음과 같다.

1) 나-너 관계의 부족

많은 사람이 Perls의 치료 시연 비디오를 본 적이 있을 것이다. 비디오에 등장하는 내담자 Gloria와 Perls가 상호작용하는 방식을 보면, 매우 일방향적인 접촉을 하고 있다는 인상을 받게 된다. 심지어 Gloria가 Perls와 접촉하는 것이 어렵다고 해도 그는 무반응으로 일관하고, 빈 의자 기법 등을 사용할 때는 '나-너' 관계보다는 '나-그것'에 가까운 태도를 보인다.

그러나 현대 게슈탈트 상담자는 대화적 관계를 게슈탈트 상담의 핵심으로 보며, 내담자와 수평적인 관계를 맺고 개방적이고 진솔한 상호작용을 하고자 한다. Perls는 나-너 관계의 중요성에 대해 언급하기는 했지만, 실제 그가 치료할 때는 나-너 관계보다는 나-그것 관계에 치우쳤다는 평가를 받는다. 빈 의자나 두 의자 기법 등을 사용해서 내담자의 내적 경험에 극적인 변화를 가져오는 것은 매우 매력적으로 보일 수 있지만, 내담자와의 관계적 부분을 간과한다면 이는 게슈탈트 상담을 몇 가지 기법으로 제한하는 결과를 초래할 수 있다(Shepherd, 1976).

2) 지적 과정에 대한 지나친 경시

"마음에서 벗어나 감각으로 돌아오라"는 아직도 많은 이가 기억하는 Perls의 구호 중 하나이다. 물론 지나치게 주지화하는 내담자에게는 이런 태도가 도움이 될 수 있지만, 반대로 감각에만 치우치고 반지성적으로 편향될 위험도 고려할 필요가 있다(Polster & Polster, 1974). 중요한 것은 마음과 감각 간의 균형이다. Dublin(1976)은 Perls의 반지성주의를 지적하면서, Perls가 인지적 토론 등과 같이 충분히 논의할 만한 가치가 있는 지적 과정에 대해서도 부정적인 입장을 취한 점을 비판하였다.

1960년대 과도하게 지적으로 치우친 정신분석이 주류였던 Perls의 활동 시기를 생각해 보면, Perls가 왜 생각보다 감각과 감정을 강조했는지 이해할 수 있는 부분이 있지만 이는 또 다른 극단적 태도일 수 있다. 인간은 감각과 감정뿐 아니라 인지와 행동도 포함한 전체적 존재이기 때문이다. 게슈탈트 상담은 이 모든 요소를 상담에 활용한다. 양극의 통합을 강조하는 게슈탈트 상담의 전체론적 입장을 생각할 때, 마음과 감각 어느 한편으로만 치우치지 않고 소외된 부분을 재소유하여 조화를 이루는 것이 게슈탈트 상담 정신에 더 부합하는 태도일 것이다. 게슈탈트 상담자는 내담자의 감각 알아차림을 촉진할 뿐 아니라, 알아차림을 통한 발견과 정서적 경험을 인지적으로 숙고하여 숙성시키고 통합할 수 있도록 도울 필요가 있다(Dolliver, 1981).

3) 자기 지지와 자기 책임에 대한 극단적인 태도

Perls(1974)는 환경 지지에서 자기 지지로 옮겨 오는 것을 성숙의 과정이라고 보았다. 즉, 자기 지지를 성숙의 지표로 삼았다. Perls는 내담자가 자신에게 의존하는 것을 허용하지 않았고, 심지어 자기가 한 말을 반복하지도 않았다(Dolliver, 1981). 잘 알려져 있는 다음의 게슈탈트 기도문 역시 자기 충족적인 극단적 자기 지지를 강조하고 있으며, 나는 타인의 기대에 맞추어 살지 않을 것이고 세상도 나의 기대에 맞춰져야 한다고 생각하지 않는다는 태도를 성숙한 것으로 여긴다는 인상을 줄 수 있다.

> 나는 내 일을 하고, 너는 네 일을 한다.
> 나는 네 기대에 따라 살기 위해 이 세상에 있는 것이 아니다.
> 너도 내 기대에 따라 살기 위해 이 세상에 있지 않다.
> 너는 너고, 나는 나다.
> 우연히 우리가 서로를 발견한다면, 그것은 아름다운 일이다.
> 그렇지 않다면, 그것도 어쩔 수 없다(Perls, 1969b).

또한, Perls(1970)의 다음과 같은 진술도 자기에 대한 책임이 타인에 대한 책임보다 더 중요하다는 오해를 사기에 충분하다.

> 당신 자신에 대한 완전한 정체성은 당신이 완전한 책임감—당신 자신, 당신의 행동, 감정, 생각에 대한 책임—을 받아들일 때, 그리고 의무와 책임감의 혼동을 그만둘 때 만들어질 수 있

다. 대부분의 사람은 책임감이 자신을 의무하에 묶어 두는 것이라고 생각한다. 당신은 당신 자신에 대해서만 책임이 있다. 나는 나 자신에 대해서만 책임이 있다. 이것이 내가 내담자들에게 말하는 것이다. 만일 그가 자살을 한다면, 그건 그 사람의 일이다. 만일 그가 미쳐 버리려고 한다면 그건 그 사람의 일이다(Perls, 1970a, p. 30).

그러나 자기 자신에 대해 책임져야 한다는 말이 곧 우리가 서로에게 영향을 줄 수 없다거나 홀로 자급자족하는 삶을 살아야 한다는 뜻은 아니다(Binderman, 1974). 장에 속해 있는 우리는 누군가 자살하려고 하거나 미쳐 버리려고 하는 데 얼마든지 일조할 수 있다. Perls의 진술은 오히려 다음과 같이 해석되어야 할 것이다. "우리가 자기 자신에 대한 책임을 충분히 인식한 후에야 타인에 대한 책임, 즉 타인에게 끼치는 영향에 대한 책임도 제대로 인식할 수 있다."

Perls가 자기 지지를 지나치게 강조하고 의존성을 거부하는 것은 자신의 미해결 과제를 반영하는 듯한 인상을 준다(Shepard, 1975). 자기 지지에 대한 Perls의 태도는 그의 개인적 삶을 살펴보면 이해되는 부분이 있는데, Perls 자신이 환경으로부터 지지를 얻는 데 별로 성공적이지 못했던 것으로 보인다. 대표적인 예로, 1936년 정신분석 학술대회에 참가했을 때 발표한 논문은 기대만큼의 지지를 얻지 못했고 Freud와의 만남은 매우 모욕적이기까지 했다. 이는 Perls가 정신분석과 결별하게 된 결정적인 계기가 될 정도로 큰 영향을 미친 사건이었다. 마음과 감각 사이에 균형을 이루려는 태도가 필요한 것과 마찬가지로 자기 지지와 환경 지지도 균형의 관점에서 바라볼 필요가 있다. 그러나 Perls는 지나치게 자기 지지와 자기 책임만을 강조했다는 평가를 받는다.

4) 당위에 대한 불일치한 태도

Perls의 '당위(should)' 개념은 Karen Horney(1950)의 '내사(introjection)'에 착안하여 만들어진 것이다. '당위'란 동화되지 않은 채 타인에게서 내사된 태도와 믿음으로, 자신이 원하는 것과 '당위'의 내용이 다르면 내적 갈등을 일으키게 된다. 따라서 게슈탈트 상담에서는 내담자가 내사된 '당위'로부터 자유로워져서 자신의 욕구와 태도, 생각을 분명히 구분하고 선택할 수 있도록 돕고자 하는데, Perls는 내담자에게 '당위'를 거부하라고 하면서 정작 자신의 것을 강요했다는 평가를 받는다(Naranjo, 1970; Shepard, 1970; Shepherd, 1976; Simkin, 1976; Yontef, 1975). 예를 들면, '지금 여기에 살아라.' '자기 자신의 행동에 대해 충분히 책임져라.' '불필요한 생각을 멈추라.'와 같은 것인데, 이런 내용이 아무리 좋은 것이라 해도 또 하나의 '당위'가 된다면 이는 '당위'의 역설일 것이다(Dolliver, 1981). 게슈탈트 상담이 지향하는 삶의 방식, 선호하는 태도는 있을 수 있지만 그것을 강요할 수는 없다.

2. 게슈탈트 상담에 대한 흔한 오해

1) 게슈탈트 상담은 기법 중심이다

아마도 게슈탈트 상담과 관련하여 사람들의 머릿속에 가장 많이 떠오르는 장면 중의 하나는 Perls가 워크숍을 통해 보여 준 시연일지도 모르겠다. Perls의 시연 방식은 녹화된 비디오 테이프와 이 테이프들의 내용을 글로 옮긴『게슈탈트 치료 축어록(Gestalt Therapy Verbatim)』(1969b)을 통해 널리 소개되어 있다. Perls는 직면적이고 극적인 치료 방식을 적용하여 내담자가 얼마나 책임을 회피하는지를 보여 주고자 했는데, Perls의 이러한 치료 방식은 '붐붐(boom-boom) 치료'라고 불리며 많은 오해를 낳았다(Yontef, 1993).

어떤 사람들은 일부 특정 기법을 사용하는 방법을 훈련받으면서 자신이 게슈탈트 상담 훈련을 받고 있다고 오해하기도 한다. 기법은 결코 게슈탈트 상담의 전부가 아니다. 더구나 극적인 기법을 사용하는 방식은 심한 정신장애가 있는 사람이나 정신분열 환자, 편집증적 환자에게는 적합하지 않다(Perls, 1992). Perls도 이런 사실을 잘 알고 있어서, 시연에서 분열성(schizoid) 성격 특성을 보이거나 편집증적인 참가자와는 작업하지 않은 것으로 알려져 있다(Perls, 1992). 그런데도 극적인 기법을 사용하여 에너지를 방출시키는 것이 게슈탈트 상담의 정수라고 오해하는 경우가 꽤 있다.

게슈탈트 상담 이론에 대한 통합적 이해 없이 기법만을 차용하는 것은 게슈탈트 상담이라고 할 수 없다. 게슈탈트 상담은 특정한 기법으로 축소될 수 없고 카타르시스를 목적으로 하는 기법의 집합도 아니다. 게슈탈트 상담에서의 기법이란 경험적이고 실험적인 접근에서 사용할 수 있는 한 방법일 뿐이다. 더 정확히 표현하자면 게슈탈트 상담에서는 기법이 아니라 창조적 실험을 지향한다. 기법은 경직된 과정이고 고정된 형태로 반복해서 사용되는 것인 반면, 모든 실험은 알아차림 증진을 위한 것이다.

게슈탈트 상담은 전체론적·현상학적·대화적 요소를 핵심으로 하는 접근으로 빈 의자 기법 같은 몇 개의 특정 기법으로 환원될 수 없다. 널리 알려져 있는 소위 '게슈탈트 기법'들을 하나도 사용하지 않는다고 하더라도 만일 상담자가 전체론적이고 현상학적인 태도를 가지고 내담자와 대화적 관계를 실천하고 있다면 이것이 오히려 더 '게슈탈트적'이라고 할 수 있다.

2) 게슈탈트 상담은 과거와 미래를 중요시하지 않는다

지금 여기를 강조하는 것이 과거와 미래를 중요시하지 않는다는 의미는 아니다. 사실 과거, 현재, 미래는 연속선상에 있는 것이지 명확히 구분되는 시점이 아니다. 과거는 기억, 추억, 미해결된 감정 등의 형태로 현재에 남아 있고, 미래도 기대, 희망, 계획 등으로 현재에 존재한다. 게슈탈트 상담에서 현재를 강조하는 것은 과거를 기억하는 것과 미래를 계획하는 것 모두 현재에 일어나고 있는 것이기 때문이다.

우리는 과거를 전부 기억하고 있지는 않다. 그것은 가능하지도 않을뿐더러 그럴 필요도 없다. 우리가 기억하고 있는 과거는 현재에도 의미 있기 때문에 기억된다. 현재에 영향을 미치는 과거 경험은 미해결 과제인 경우가 많은데, 미해결 과제는 분노, 슬픔, 증오, 죄책감 등 미처 표현하지 못했던 감정으로 드러나곤 한다. 과거가 현재 내담자의 태도나 어려움에 실제로 중요한 영향을 미치고 있을 때는 게슈탈트 상담에서도 과거를 깊이 탐색하는 과정을 거치며, 특히 외상 경험 내담자는 과거 외상과 관련된 부정적인 감정을 다룰 필요가 있다(Chao, 2015).

단, 과거를 다루는 방식에 있어서 게슈탈트 상담자는 "그 일에 대해 이야기하면서 지금 무엇을 느끼고 있나요?"와 같은 질문을 통해 과거를 더 적극적으로 지금 여기로 초대한다. 혹은 말로만이 아니라 행동으로 옮기게 함으로써 내담자가 과거를 현재로 가져오도록 돕기도 한다. 이미 지나간 과거의 사건이라 하더라도 그것을 경험하는 것은 현재이다.

3. Perls 이후: 현대 게슈탈트 상담

전체론적이고 통합적인 접근을 지향하는 게슈탈트 상담은 1950년대에 대중에게 널리 알려진 이후에도 계속 진화해 왔고, 많은 후대의 게슈탈트 임상가 및 이론가들에 의해 보다 균형 잡힌 모습으로 꾸준히 수정되고 변화해 왔다. 특히 1980년대 이후 발달해 온 게슈탈트 상담을 펄스이즘과 구분하여 현대 게슈탈트 상담이라고 칭하는데, 이는 장 이론과 현상학, 관계적 접근에 기반을 둔 통합적이고 상호 주관적인 접근으로 발전해 왔다. 1980년대 이전에는 게슈탈트 상담 교재에서 '장'이라는 말을 찾아보기 어려웠지만, 대부분의 현대 게슈탈트 상담 문헌에는 '장 이론' '관계적 장' '장 패러다임' 등의 용어가 등장한다(Van de Riet, Korb, & Gorrell, 1980).

현대 게슈탈트 상담은 상담자와 내담자의 관계에 대한 Perls의 기본 입장을 계승하고 있지만, 상담의 실제에 있어서 대화적 관계를 핵심으로 볼 정도로 훨씬 더 강조한다는 점에서 차이가 있다. Perls는 상담자가 중립적이며 빈 스크린과 같은 역할을 해야 한다는 정신분석의 입장에 정면으로 반대하며, 진정한 접촉을 위해서는 한 인간으로 존재해야 한다고 하였다. 비록 Perls가 현대 게슈탈트 상담에서와 같이 '대화'라는 말을 직접 강조하지는 않았고 상담 실제에 있어서는 자신의 말과 불일치한 태도를 보이기도 했지만, 초기부터 상담자와 내담자 간 동등한 인간 대 인간 만남의 중요성과 상담자의 현전(presence)을 강조했다는 점은 대화적 관계를 발전시킨 토대가 되었다고 할 수 있다. 게슈탈트 상담에서 관계적 접근은 새로운 것이라기보다는 초창기부터 상담의 중심에 있었지만 상대적으로 덜 주목받아 왔다고 보아야 할 것이다. 그러나 '게슈탈트 기도문'에 나타난 것처럼 Perls가 자신의 작업에서 지나치게 개인의 자율성과 자기 지지를 강조한 것은 역으로 이후 현대 게슈탈트 상담자들이 대화와 상호 의존성에 더욱 주목하도록 이끄는 역할을 하였다. 이는 양극성의 한쪽 극에서 다른 쪽으로 균형을 맞추어 가는 움직임이라고 할 수 있을 것이다. 현대 게슈탈트 상담은 상담자와 내담자 간의 대화적 관계를 상담 과정의 핵심으로 보며 상담자와 내담자의 관계를 상호 의존적이라고 본다.

게슈탈트 상담은 그 태동기부터 게슈탈트 심리학, 정신분석, 인본주의와 실존주의 철학, 선불교 등 많은 사상의 영향을 받았고, 이 이론들을 인간 성장과 경험으로 확대시키고 동화하여 적용해 왔다. 오늘날에는 우리나라를 비롯하여 독일, 영국, 덴마크, 프랑스, 이탈리아, 스위스, 네덜란드, 미국, 캐나다, 칠레, 호주, 뉴질랜드, 일본 등 세계 각국에 게슈탈트 치료 연구소가 있고, 여러 연합체(association)가 활발하게 게슈탈트 상담의 이론과 실제를 연구하며 보급하고 있다(O'Leary, 2013).

4장

게슈탈트 상담의 이론적 토대

이 장에서는 게슈탈트 상담의 이론적 토대가 되는 장 이론, 현상학적 방법론, 대화적 관계, 실험적 태도에 대해 살펴보도록 하겠다. 이해를 돕기 위해 각각을 따로 설명하기는 하지만, 이들이 서로 긴밀하게 연결되어 있음을 먼저 밝혀 두고자 한다. 장 이론은 우리를 이분법적 사고와 인과론적 사고에서 벗어나 모든 것을 관계적 관점에서 바라보게 해 준다는 점에서 대화적 관계와 깊이 관련되어 있고, 장의 끊임없는 변화는 상담자가 지금 여기에 현전해야 하는 현상학적 방법론을 요구한다. 상담자와 내담자가 공동 창조하고 있는 현재 주관적 경험의 장을 드러내는 것을 강조하는 게슈탈트 상담의 접근은 이미 그 안에 장 이론, 현상학적 방법론, 대화적 관계, 실험적 태도를 모두 포함하고 있다.

1. 장 이론: 모든 것은 장에 속해 있다

장 이론에서는 모든 현상은 방대한 상호작용 네트워크의 일부로서 서로 연결되어 있다고 본다. 유기체와 환경은 통합된 하나의 장의 부분들이기 때문에 서로 분리될 수 없고, 어떤 사건도 장과 무관하게 독립적으로 발생하지 않는다. 즉, 모든 사건은 장의 여러 힘이 상호작용한 결과로서, 장의 모든 부분은 전체에 영향을 주고 전체도 역시 장의 모든 부분에 영향을 주면서 끊임없이 변화한다. '전체는 부분의 합보다 크다'는 명제를 장 이론에 적용해 보자면, 부분이나 요소를 이해하는 것만으로는 전체가 어떻게 작동하는지 충분히 알 수 없다는 뜻이다. 전체 장의 역동은 부분들 간의 상호작용과는 다르며 그보다 복잡하다.

장은 매우 정의 내리기 어려운 개념이기도 하지만 게슈탈트 상담의 핵심이라고 할 수 있을 정도로 중요하다. 게슈탈트 상담에서의 장 개념을 이해하기 위해서는 물리학의 역사를 잠깐 살펴보는 것이 도움이 된다. 17세기 초부터 19세기 말은 세상을 화학적ㆍ물리적ㆍ기계적 관점에서 바라보는 유물론이 점차 우세해지던 시기로, 유물론적 세계관은 Newton의 이론이 과학적으로 검증되면서 더욱 힘을 얻었다. 이와 더불어 가장 작은 구성 요소를 찾고 그것으로부터 더 큰 구조가 어떻게 작동하는지를 추론하는 원자주의적 경향도 점차 강해졌다(Schulz, 2013). 19세기 중반에 절정에 이르렀던 뉴턴식 과학적 세계관은 특수성 이론과 일반 상대성 이론을 발표한 Einstein의 등장과 함께 큰 변화를 맞이하게 되었다. Einstein에 따르면, 궁극적으로 우주는 하나의 나눠질 수 없는 전체로 받아들여져야 하고 부분으로 나눈 분석은 더 이상 원래의 근본 상태를 설명한다고 할 수 없다(Bohm, 1980). 뒤이어 양자 이론까지 등장하면서 기존의 뉴턴식 유물론적 질서는 더욱 큰 도전을 받게 되었고, 과학계는 우주를 하나의 전체로 보는 전체적인 관점, 과정 중심적 세계관을 받아들이게 되었다.

이런 변화가 인간 이해의 영역에 적용되기까지는 좀 더 시간이 필요했는데, 여기에는 게슈탈트 심리학자들의 역할이 컸다. 게슈탈트 심리학 발전에 선구적인 역할을 한 Max Wertheimer는 Einstein의 친구였으며, 지각에 대한 연구를 통해 인간 경험이 단편적인 부분들을 조합한 것이 아니라 하나의 전체로 인식한 것임을 밝힘으로써 심리학에 장 이론을 접목시켰다(Schulz, 2013). 게슈탈트 심리학자들의 연구는 개인과 환경이 장 안에서 상호 의존적이라는 중요한 가정을 성립하는 데 중요한 영향을 미쳤다.

게슈탈트 상담 이론에 장 이론이 통합되는 데 있어 보다 직접적인 관련이 있는 인물은 Kurt Lewin(1890~1948)인데, 그는 게슈탈트 심리학자 중 한 명으로 장 개념을 정교화하고 소개하는 데 큰 기여를 하였다. Lewin은 장을 의미하는 '생활공간(life space)'이라는 용어를 사용하였는데, 이는 특정 순간에 개인의 행동에 영향을 주는 공존하고 있는 모든 것을 의미한다(Kounin, 1963). Lewin은 생활공간을 개념화함으로써 게슈탈트 상담에서 현상학적 장에 대한 개념을 발전시키는 데 기여하였다.

게슈탈트 상담의 창시자인 Perls와 Goodman은 『인간 성격에 있어서의 흥분과 성장』이라는 책에서 장을 언급하기는 했지만 장 개념을 정교하게 발달시키지는 않았다. 장 이론의 원리를 게슈탈트 상담에 적용하여 발달시킨 것은 오히려 Latner(1983), Malcom Parlett(1991, 2005), Gary Yontef(1993) 등이다. Parlett(2005)는 장 이론의 본질을 전체론적 관점으로 보았으며 다음과 같이 말하였다.

"심리학이 사람들의 경험과 사람들이 어떻게 살고 생각하고 인지하는지와 관련이 있다면, 심리학자는 환원주의적 과학 방식에서처럼 어떤 경험을 기저의 감각들로 잘게 나누고 자극-반응 단위로 보기보다는 패턴과 관계, 전체 구성, 복잡한 상호작용을 관찰할 필요가 있다."(p. 43)

전체론적 관점은 모든 것은 더 큰 장의 일부라는 상호 연결성의 개념으로 이어지고, 어떤 것이 한 개인의 경험에서 필수적인지는 미리 알 수 없기 때문에 장 안의 모든 것은 잠재적으로 동등한 정도의 중요도를 가지고 있다는 가정을 이끈다. 이러한 가정은 상담 장면에서 내담자의 전체 상황을 탐색하는 것의 중요성을 부각시킨다. 또한 장이란 고정된 것이 아니라 역동적인 상호작용 과정이기 때문에 장 관점에서는 어떤 현상이 하나의 원인만을 가지고 있는 것이 아니며 정확한 인과 관계를 밝히는 것은 불가능하다는 결론에 이르게 된다.

모든 사람은 인지, 감정, 행동에 영향을 주는 수많은 장 안에 존재하는데, 개인의 욕구나 관심, 외부 자극 등에 의해 장의 어떤 부분은 전경으로 작용하고 어떤 장은 배경에서 작동한다. 개인의 욕구나 흥미가 장을 적극적으로 조직화하는 과정에서 어떤 부분이 전경으로 떠오르면 다른 부분은 배경이 되면서 장 전체가 새롭게 조직화되고 나머지 장의 요인들도 연쇄적으로 영향을 받게 된다. 모든 것이 연결되었다는 것은 장의 어떤 부분에서 변화가 일어나면 이는 곧 장 전체에 영향을 준다는 말이 된다.

물리학에서 시작된 장 관점이 상담에 접목되는 것은 쉽지 않은 과정이었고, 게슈탈트 상담의 장 이론이 다시 상담 현장에 적용되기까지는 변형적 과정이 필요했다. 오늘날 게슈탈트 상담에서 장이란 인간과 그를 둘러싼 환경에 상호 의존하면서 공존하고 있는 모든 요인을 총칭하는 것으로(Clarkson & Mackewn, 1993), 물질로 구성된 물리적 실체라기보다는 서로 작용하는 상호 영향력을 말한다(Schulz, 2013). 게슈탈트 상담에서 장 이론은 인간의 전체성과 복잡성을 존중하게 해 주는 대전제이자(Mackewn, 1997) 게슈탈트 상담 자체가 장, 즉 상담자와 내담자의 전체 상황을 통해 이루어진다(Woldt & Toman, 2005).

장 이론에 기반을 둔 게슈탈트 상담자는 내담자를 그가 속한 상황과 함께 바라보고, 모든 사건은 장에 속한 힘의 상호작용 결과로서 내담자의 문제도 장에 속해 있고 해결도 장에 속해 있다고 본다. 또한, 개인의 성격과 문화를 따로 떼어서 설명할 수 없다고 간주한다. 성격은 항상 그가 속한 문화와 환경의 영향을 받고, 문화도 구성원의 성격에 영향을 받는다. 과거 사건도 마찬가지이다. 모든 과거가 현재에 와 있지는 않지만 어떤 사건이 현재에 영향을 미치고 있다면 그것은 지금 여기의 장에 작용하고 있는 것이다. 따라서 게슈탈트 상담자는 내담자의 모든 과거를 임의로 캐묻고 분석할 필요가 없다. 지금 여기의 장에 와 있는 '살아 있는' 과거를 중심으로 작업을 하면 된다. 만일 내담자가 상담 시간에 과거 학교폭력 피해 경험을 이야기하고 있다면 어떤 식으로든 그 경험이 현재의 장에 와 있는 것이다. 이때, 게슈탈트 상담자가 상담하는 방식은 학교폭력 피해와 관련된 스토리나 내용만 따라가기보다는 현재 장에서 무엇이 드러나고 있는지에 주목하는 것이다. 그 이야기를 하면서 내담자가 보이고 있는 감정, 행동, 신체 반응, 분위기, 생각 등이 모두 중요하다. 이는 게슈탈트 상담을 매우 현재 중심적 치료로 이끌며 현상학적 방법론과 연결시킨다.

장 관점은 개인의 책임에 관한 이슈도 함축하고 있다. 우리 모두가 장에 속해 있고 상호 의존적이라는 말은 장에서 일어나는 것에 우리 모두 기여한 바가 있으며 곧 책임이 있다는 뜻이다(Yontef, 2008). 장 안에서 일어나는 모든 사건이 장에 속한 사람들의 상호작용의 기능이라는 말은 상담 장면에도 적용된다. 상담실에서 일어나는 모든 사건에 상담자와 내담자는 둘 다 책임이 있다. 상담 도중 분위기가 달라졌다면 장이 변화한 것이다. 만일 상담 관계에 균열이 생긴다면 그 원인을 내담자에게만 돌릴 수 없고 상담자도 원인의 한 부분인 것이다. 따라서 게슈탈트 상담자는 상담자와 내담자 사이에 무엇이 일어나는지에 대해 세밀한 관심을 갖는다.

오늘날에는 많은 상담 접근이 전체론적 입장을 동화하였고 개인을 보다 넓은 체계 속에서 바라보며 문제의 발생에는 개인과 환경 모두가 개입된다는 생각을 받아들이고 있다. 그러나 19세기에는 이 세상은 변하지 않는 것이고 실체가 있다는 믿음이 지배적이었다. 반면, 21세기에는 더 이상 절대 지식은 있을 수 없다고 본다. 이 새로운 관점이 과학계에서 받아들여진 속도에 비해 심리학의 영역에 스며드는 데는 더 많은 시간과 발전이 필요했다. 게슈탈트 상담이 태동할 당시인 1940년대는 정신분석과 같이 개인 내적인 접근이 당연하게 받아들여지던 시기였으며 게슈탈트 상담의 전체론적 관점은 매우 혁신적인 것이었다.

함께 생각해 보기

- 장 이론을 DSM 체계와 어떻게 조화시킬 것인가? -

여전히 현대 의료 체계에는 국소적이고 분석적인 접근 방식의 잔재가 많이 남아 있다. 현대 의학은 인체를 전체가 아니라 부분으로 바라보기 때문에 손상 부위에 대한 치료를 우선시하며 질병이나 손상의 원인보다는 증상을 다루는 데 더 초점이 맞추어져 있다.

이는 정신의학에도 그대로 적용이 되어 왔는데, 대표적인 예는 증상을 기준으로 정신장애를 분류하고 있는 『정신질환 진단 및 통계 편람(Diagnostic and Statistical Manual of Mental Disorders: DSM)』 체계가 될 수 있다. DSM에서는 20개 범주하에 350개 이상의 정신장애를 구분해 놓고 있는데, '객관적인' 기준을 마련하고자 하다 보니 바라보는 관점에 따라 이견이 있을 수 있는 원인론은 배재하고 증상을 근거로 삼고 있다. 특정 증상이 몇 개 이상인지, 어느 정도의 기간 이상 지속되는지, 사회적·직업적·기타 중요한 영역의 기능에 심각한 손상을 초래할 정도인지를 확인하여, 이 기준에 따라 어떤 사람은 그저 불안을 경험하는 것으로, 또 다른 사람은 '불안장애'로 분류된다.

DSM이 사회문화적 변화 및 연구 결과, 혹은 정치적·경제적 논리 등에 따라 여러 차례 개정되어 오긴 했지만 증상을 기준으로 한다는 사실은 동일하다. DSM은 유용한 도구로 사용될 수 있지만, 동시에 여전히 이분법적이고 부분적인 관점으로 인간을 바라볼 수 있다는 위험성도 함께 가지고 있다.

게슈탈트 상담자로서 어떤 태도를 가지고 DSM을 활용할 수 있을까?

2. 현상학적 방법론: '지금 여기'에서 '주어진 것'을 '오직 모른다는 자세로'

게슈탈트 상담에서는 추상적 개념이나 추론, 분석보다는 매 순간 지금 여기에서 실제 일어나고 명백히 드러나고 있는 것들을 토대로 치료 작업을 진행해 나가는데, 이러한 접근을 현상학적 방법이라고 한다. 현상학적 접근에서는 내담자가 눈앞에 주어진 자료를 감각을 통해 명료하게 알아차리고 보다 생생하게 경험하도록 돕고자 하는데, 이는 정신분석의 '고고학적' 방법과는 대비되는 것으로서 1940년대에 당연히 여겨지던 주류 심리치료 방법에 대한 상당한 도전이었다.

현상학적 접근의 중요한 전제는 절대적이고 유일한 진실, 즉 실제(reality)는 없다는 것이다. 모든 실제는 개인의 주관적 관점에 의해 여과되어 인식된 것으로, 우리가 생각하는 실제란 스스로 창조한 모형(templets)을 가지고 자신의 세계에 맞게 여과시킨 것들이다.

Bohm(1980)은 "우리가 사실이라고 부르는 것을 실험실에서 발견할 수 있는 독립적인 객체인 것처럼 여겨서는 안 된다. 'Facere(표면)'이라는 라틴어 어원이 나타내는 바와 같이, 사실(fact)은 '만들어진 것'이다. 마치 어떤 물건이 제조되는 것 같이 말이다. 따라서 어떤 의미에서는 우리는 사실을 만든다."(p. 179)라는 진술을 통해 세상은 오직 개인적이고 독특한 각자의 관점, 자신만의 창문을 통해 드러난다는 것을 강조하였다.

현상학적 관점에서 보면 10명의 학생이 같은 강의실에서 게슈탈트 상담 강의를 듣고 있다 하더라도 그들은 각각 다른 경험을 하고 있다고 말할 수 있다. 우리의 감각 체계에는 큰 차이가 없지만 감각된 자료에 의미를 부여하는 과정과 방식에는 다양한 차이가 있다. 이 과정에는 각자의 현재 기분, 신체 상태, 동기, 관심사, 성별, 개인사 등이 모두 영향을 미친다. 어떤 사람에게는 강의실이 너무 어둡게 느껴질 수 있고, 또 다른 사람에게는 아늑하게 느껴질 수도 있다. 또 어떤 사람은 강의 내용에 매우 흥미를 느끼는 반면, 다른 사람은 지루할 수도 있다. 우리가 어떤 것을 어떻게 경험할지는 미리 결정될 수 없으며 고정되어 있지도 않다.

이것을 상담 장면에 적용해 보면 어떻게 될까? 적어도 상담 회기 내의 상담자와 내담자가 서로 다른 경험을 할 가능성이 매우 높다는 것을 예상할 수 있다. 뿐만 아니라 상담자와 내담자는 둘 다 상담 회기 내에서의 경험을 적극적으로 만들어 가고 있는 중이다. 상담 회기 내의 경험은 상담자와 내담자에게 던져지는 것이 아니다. 바로 이런 점 때문에 현상학적 접근에서는 주관적 경험을 매우 중요시하며, 존중과 호기심을 가지고 이를 탐색하고자 한다.

그런데 이런 조건에서는 상담자가 불확실성을 가질 수밖에 없다. 특정 상황에서 무엇이 필요한지 미리 결정하고 확신할 수 있을 때 갖게 되는 전문가로서의 안정성이 보장되지 않기 때문이다. 이것이 상담에 부정적인가? 상담자는 어떻게 해야 하는가? 이때 중요한 것이 바로 '오직 모른다는 자세'인 현상학적 태도를 가지고 탐색하는 과정이다. 단 하나의 절대적 진실이 아니라 많은 주관적 장만이 존재한다는 전제는 내담자의 상황을 이해하는 상담자의 능력이 제한적일 수밖에 없음을 이미 내포하고 있다. 섣부른 투사로 내담자의 주관적 현실을 추측할 것이 아니라, '모른다는 자세'를 통해서만 내담자의 현상학적 장, 있는 그대로의 전체로서의 인간을 이해해 갈 수 있다.

또한, 현상학적 탐색을 해 가는 게슈탈트 상담자에게는 불확실성을 견디는 힘이 요구된다. 그러나 우리는 아무런 토대 없이 무조건 불확실성을 견딜 수는 없다. 이러한 불확실성을 껴안고 상담 과정에 현전하려면 유기체적 조절 능력에 대한 믿음이 전제되어야 한다. 이 믿음은 머리로만 이해해서 얻어지는 것이 아니라 상담자 자신의 경험이 동반될 때, 그리고 상담 과정을 통한 확인이 축적될 때 점차 공고해질 것이다. 불확실함 속에서 새로운 발견을 해 가는 모험의 즐거움과 흥분을 누리는 능력이야 말로 게슈탈트 상담자에게 가장 필요한 것 중 하나가 아닐까!

3. 대화적 관계: 인간은 관계 속에 존재한다

앞서 현상학적 접근에서는 우리가 세상을 인식하는 데 있어 늘 주관의 개입으로 인한 결함이 있을 수 있고, 그 특성상 완전히 객관적이거나 안정적일 수 없다고 하였다. 그렇다면 우리는 이 세상과 인간에 대해 무엇을 신뢰할 수 있을까? 게슈탈트 상담은 이에 대한 답을 대화적 관계에서 찾는다. 대화적 관계란 게슈탈트 상담에서 상담자와 내담자의 관계 특성을 나타내는 표현으로, 지난 몇십 년 동안 꾸준히 강조되어 왔고 뚜렷한 중심으로 자리 잡혀 온 핵심이다.

게슈탈트 상담의 대화적 관계는 Martin Buber의 나-너 관계로부터 많은 영감을 받았다. Buber(1958)에 따르면, 나-너 관계란 상대를 수단이 아닌 목적으로 대하며 하나의 인격으로 대하는 것이다. 이에 비해 나-그것 관계에서는 상대를 대상화하고 하나의 기능으로 본다. 나-너 관계일 때는 지금 여기에 현전하면서 개방적이고 직접적인 관계를 맺는 반면, 나-그것일 때는 범주화하고 분석하고 비교한다. 상대를 지금 여기에서 직접 경험하고 즉시적으로 만나기보다는 개념화된 대상으로 바라보고 반응한다. 초기면접을 하거나 진단을 할 때, 또는 사례개념화를 할 때, 우리는 존재하기보다는 과업을 실행하며 나-그것 관계의 특성이 두드러지게 된다(Mann, 2010).

그렇다고 해서 대화적 관계가 나-너 관계로만 엄격하게 제한되는 것은 아니다. 오히려 게슈탈트 상담의 대화적 관계는 '나-너'와 '나-그것' 순간의 지속적인 상호작용이며, 나-너 관계와 나-그것 관계 사이를 유연하고 리듬감 있게 오가는 것이라고 할 수 있다(Hycner, 1985). 사실 Buber(1970)는 두 모드가 우리 삶에 모두 필요하다고 하였다. 우리는 이 세상에서 나-그것 관계가 없이는 제대로 기능하기가 어려울 것이고, 나-너 관계가 없이는 충분히 존재할 수 없을 것이다. 우리는 완벽하게 순수한 나-너 관계 또는 나-그것 관계라는 고정된 위치에 있다기보다는 나-너 관계와 나-그것 관계 스펙트럼상의 어딘가에 있기 마련이다. 심지어 부모와 자녀 간에도 나-그것 관계의 특징이 나타날 수 있고, 고용주와 고용인의 관계라고 해도 단지 돈을 주고받는 거래 관계를 넘어 서로를 목적으로 대하는 특징이 내포되어 있을 수도 있다. 모든 상호작용은 부분적으로라도 두 관계 모드의 특징을 모두 포함하고 있다.

그러나 현대인에게는 상대적으로 나-너 관계가 매우 어려울 수 있는데, 우리의 사고 체계가 주체와 객체를 분리시키는 방식에 매우 익숙하기 때문이다. 우리는 어린 시절부터 습득해 온 언어의 영향을 받는데, 언어를 통해 우리 자신을 우리의 행동, 환경, 의식으로부터 끊임없이 분리시켜 왔다. 이에 더해 자본주의 체제는 모든 관계를 거래의 관점에서 바라보고 상대방을 '그것'으로 대하는 방식을 부추긴다.

실존주의 문학의 선구자라고 불리는 Franz Kafka의 소설 『변신』에는 나-그것 관계의 비정함과 그 속에서 소외되는 인간과 존재 의미의 상실이 잘 드러나 있다. 『변신』에 등장하는 주인공 Gregore Samsa는 어느 날 잠에서 깨어나니 벌레가 되어 있었다. 가족은 그를 두려워하고 경멸하며 '벌레'로 대한다. 가족의 생계를 책임지던 Gregore가 벌레로 변하자 그는 기능적으로 쓸모없는 존재로 대해지고 심지어 감금되어 관계가 단절된다. 존재의 의미를 상실한 그가 마침내 숨을 거뒀을 때 홀가분한 마음으로 나들이를 떠나는 가족의 모습을 비춰 주며 소설은 끝이 난다.

Buber의 철학에 따르면, 단독으로 존재하는 '나' 그 자체란 없으며 오직 '나-너'의 '나' 또는 '나-그것'의 '나'만이 있을 뿐이다. Gregore가 아무리 자신은 벌레가 아니라고 말해도 가족이 받아들이지 않을 때 그는 자신일 수가 없었다. 인간 존재는 어떤 방식으로든 관계 속에서만 의미를 찾을 수 있으며, 도구적인 대상으로서가 아니라 인격적이고 유일한 '나'로 만나질 때 참된 삶이 가능하다.

게슈탈트 상담에서는 상담자와 내담자가 대화적 관계를 통해 만나고자 한다. 대화적 관계는 게슈탈트 상담의 가치 체계인 동시에 치료 방법이기도 하다. 우리는 대화를 통해 서로 알아가게 되는데, 대화적 관계에서의 앎이란 서로에 대한 이해가 계속 바뀌어 가고 발전해 감을 의미한다. 대화가 어떻게 진행될지 미리 예측할 수 없다는 대화의 속성 때문이다. 게슈탈트 상담에서 대화란 어떤 의도나 계획을 가지고 목표 지점을 향해 가는 것이 아니라, 상담 자와 내담자가 동등하고 진솔한 태도로 서로를 대하며 지금 여기 의 장이 이끌도록 허용하는 열린 과정이다. 대화를 하는 과정에서 지금 이해한 것은 다시 대화를 통해 새롭게 재건되고 다시 이해되 는 과정을 되풀이하게 된다. 따라서 게슈탈트 상담자는 내담자를 만날 수 있는 자리로 자신을 끊임없이 조율한다(Jacobs, 2009).

이런 대화적 관계 속에서 내담자는 유일한 자기 자신이 되어 간 다. 마치 행복 자체가 목적이 되어서는 행복해지지 않는 것처럼 자기 자신이 되고자 홀로 고군분투한다고 해서 자기 자신이 되는 것은 아니다. 내가 누구인지를 알기 위해서는 타인이 필요하며 더 정확히 말하자면 대화적 관계, 즉 접촉이 필요하다. 나는 곧 타인 에 대한 공명이다.

4. 실험적 태도: 창조적인 현상학적 탐색

게슈탈트 상담에서 실험은 내담자의 현상학적 장을 드러내는 도구이자, 대화적 관계 안에서 내담자를 만나게 해 주는 도구이 다. 합리성과 이론적 분석을 강조하는 접근과 달리, 게슈탈트 상 담은 상담자의 창조성과 자발성, 직관, 상상을 적극적으로 활용하 기를 권장한다. 내담자가 단지 무엇에 대해 이야기만 하는 것이 아니라 직접 경험하기를 권하며, 이는 다양한 실험을 통해 이루어진다. 만일 내담자가 상담을 할 때마다 매우 불편하고 경직되어 보인다면, 상담자는 이 행동이 무엇을 나타내고 있는지 내담자의 현상학적 장을 탐색하기 위해 실험을 제안할 수 있다. 행동을 바꿔 보게 하고 무엇이 알아차려지는지 질문할 수 있다.

　모든 상담이 결국은 체험을 통한 학습이라고 할 수 있겠으나, 게슈탈트 상담은 그중에서도 단연 체험을 중요시하는 접근이다. 지적 탐색에 지나치게 치우쳐서 정서나 감각 경험의 중요성을 간과하는 것을 경계하는 게슈탈트 상담은 현상학적 행동주의라고 불리기도 하는데(Brownell, 2010), 전통적인 행동주의는 자극과 반응, 강화와 처벌을 통해 이미 정해져 있는 어떤 방향으로 내담자를 변화시키기 위해 학습 원리를 동원한다는 점에서 게슈탈트 상담과는 다르다. 행동주의적 개입에서 자주 사용하는 이완 훈련을 예로 들어 보자. 게슈탈트 상담자는 내담자 각각을 유일하고 독특한 존재로 보며 각 내담자에게 이완훈련을 적용했을 때 어떤 결과가 일어날지에 대해 '모른다는 태도'를 유지하고자 한다. 상담자는 내담자의 경험이 어떠한지를 탐색하고 따라가면서 내담자의 알아차림과 접촉을 증진시키기 위한 방법으로 실험을 한다.

　어떤 결과가 일어날지 모른 채 실험을 제안하는 것은 상담자에게 불안을 일으키는 것일 수 있다. 게다가 실험이 반드시 심오한 알아차림이나 대단한 발견을 보장해 주지는 않는다. 어떤 경우에는 내담자가 지금 여기서 보여 주고 있는 작은 세부 사항들이 전체 장과 매우 복잡하게 연결되어 있어서 일회적인 실험만으로는 충분히 그 과정이 드러나지 않을 수도 있다.

게슈탈트 상담에서 실험을 제안하고 실행할 수 있는 것은 Beisser(1970)의 변화의 역설 이론과 관련된다. 변화의 역설 이론에 따르면, 변화는 자신이 아닌 그 무엇이 되려고 노력하고 애쓸 때가 아니라 현재 순간에 진정성 있는 자신이 될 때 일어난다. 변화는 과정을 신뢰할 때 저절로 일어난다. 실험 역시 지금 여기의 자연스러운 과정 안에서 형성되며, 상담자가 미리 준비해 놓은 처방을 내리는 것과는 전혀 다르다. 실험은 상담자가 일방적으로 고안한다기보다는 상담자와 내담자 간의 상호작용 중 자연스럽게 떠오르기 마련이다. 즉, 실험은 새로운 무언가를 따로 계획해서 제안하는 것이거나 미리 준비되어 있었던 것이라기보다는 현재 진행 중인 과정에 대한 반응으로 출현하는 것이다. 따라서 특정 상황에 사용하게 되어 있는 실험이 따로 정해져 있는 것이 아니다. 상담자는 실험을 제안할 때 내담자를 변화시키려는 의도가 아닌 그 경험을 함께 탐색하고 알아보고자 하는 호기심을 가지고 한다.

실험이 반드시 대단히 새롭거나 파격적이어야 하는 것이 아니므로 내담자의 작은 반응 하나로도 실험이 이루어질 수 있다. 예를 들어, 상담자는 내담자의 말 중 특정 부분을 반복해서 말해 보라거나, 특정 동작을 더 크게 해 보라거나, 지금 여기에서 떠오르는 감정에 더 머물러 보라고 할 수 있다. 상담자는 즉석에서 바로 실험을 제안하는 경우가 많은데, 예를 들어 "방금 그 말을 다시 한 번 해 보시겠어요?" 또는 "지금 손으로 무릎을 어루만지고 있는데 계속 더 만져 보겠어요?"라고 할 수 있다. 또 다른 예를 들어 보면,

남편에 대한 양가감정에 대해 이야기하는(talking about) 내담자에게 빈 의자에 남편이 앉아 있다고 생각하고 직접 말하도록(talking to) 하게 하는 것이다.

실험은 앞에서와 같이 상담자가 단독으로 제안하여 실행하는 경우도 있지만 상담자와 내담자가 합의하여 만들어 가기도 한다. 이때 상담자는 "방금 뭔가 우리가 같이 해 보면 좋겠다는 생각이 들었는데 혹시 해 볼 생각이 있으세요?"라고 의향을 묻고 내담자가 관심을 보이면 실험의 내용을 설명하고 제안할 수 있다. 실험을 하고 나서는 내담자에게 그 경험이 어땠는지를 함께 탐색한다. 경우에 따라 상담자도 실험을 하는 동안의 자기의 경험을 내담자와 나눌 수 있다.

실험을 할 때 가장 중요한 것 중 하나는 내담자가 충분한 지지를 받고 있다고 느끼는지를 주의 깊게 확인하는 것이다. 만일 지지가 부족하다고 느끼면 내담자는 새로운 실험에 선뜻 합류하지 못하고 머뭇거리거나 압도될 수 있다. 상담자의 충분한 지지하에 상담 회기 중에 시도되는 실험은 가장 안전하고도 효과적일 수 있다.

지금까지 게슈탈트 상담의 주요 이론적 토대를 살펴보았다. 게슈탈트 상담의 철학과 원리는 게슈탈트 상담이 태동할 당시에는 환원주의에 맞서는 혁신적인 이론으로 받아들여졌으나 오늘날에는 더 이상 새로운 것이 아닐 수 있다. 새로운 것이 아니면 상업적으로 매력적인 상품이 되기 어려운 시대에 살고 있는 우리에게 게슈탈트 상담이 가진 고유한 특성과 신선함은 퇴색되기 쉽다. 끊임없이 확장하는 특징을 가지고 있는 자본주의 사회에서 오늘날 수많은 상담 이론이 나오고 있지만, 무엇보다도 근본적인 원리를 생각한다면 마케팅의 홍수 속에서도 상담자가 길을 잃지 않을 것이다. 그런 면에서 게슈탈트 상담의 기둥이 되는 이론들을 잘 숙지하는 것은 필연적으로 불확실성을 내포하고 있는 상담 장면에서 상담자를 안내해 주는 길잡이가 될 것이라 생각한다.

5장
게슈탈트 상담의 주요 개념

1. 게슈탈트: 전체론적 관점

게슈탈트(Gestalt)는 '형태' '구조' '전체 모양' '패턴' '배열' 등의 의미를 가진 독일어인데, 영어나 우리말로는 정확히 일치하는 단어가 없기 때문에 게슈탈트라는 원어를 그대로 쓰고 있다. 어떤 번역도 원어의 의미를 정확히 전달하지는 못하지만 가장 근접한 단어는 '전체'라고 할 수 있을 것이다(O'Leary, 2013). 이때 전체란 부분들을 합한 것과는 다른, 부분들의 합 이상인 전체를 말한다.

자동차가 무엇인지를 알기 위해 차를 구성하는 부분을 모두 분해한다고 가정해 보자. 자동차는 크게 외형에 해당하는 몸체(body)와 섀시(chassi)로 나뉜다. 몸체는 다시 보닛, 트렁크, 문 등으로 구성되어 있고 섀시는 몸체를 제외한 나머지 부분인 엔진,

브레이크, 동력 전달 장치 등으로 이루어져 있다. 그런데 우리가 자동차를 구성하는 각 부분을 분해하여 자세히 들여다보고 이해했다고 해서, 정작 자동차가 무엇인지 안다고 할 수 있을까? 어쩌면 애당초 알고자 했던 것이 무엇이었는지조차 잊어버릴지도 모르겠다.

수십 개의 악기가 한데 어우러져 완성되는 오케스트라는 어떠한가? 각각의 악기를 아무리 완벽하고 아름답게 연주한다고 해도 어느 악기 하나만으로는 오케스트라가 될 수 없다. 오케스트라를 구성하는 악기들은 저마다 독특한 음색과 역할을 담당하고 있다. 오케스트라의 바탕이 되어 주는 현악기 중 바이올린은 가장 높은 소리를 지닌 반면 더블베이스는 가장 낮은 소리를 낸다. 목관악기 중에서는 플루트가 경쾌하고 화려한 소리를 내는 데 비해 클라리넷은 매우 따뜻한 느낌의 음색을 가지고 있다. 이 악기들이 하모니를 이룰 때 비로소 전체로서의 오케스트라가 완성되는 것이다.

오케스트라를 구성하는 악기들의 연주를 각각 따로 듣는다면 이미 오케스트라가 아니듯이, 게슈탈트란 더 이상 나눌 수 없는 것을 뜻하며 부분으로 쪼개지면 이미 그 본질이 사라진다(Perls, 1969a). 그러나 우리는 전체를 분해하여 각 구성 요소의 특징을 이해하는 것이 과학적이라고 배워 왔기 때문에 얼마나 자주 대상이나 경험을 쪼개고 분해하고 있는지 인식조차 하지 못할 때가 많다. 이는 대상을 이해하는 여러 방법 중 하나이고 부분적 이해일 뿐이다.

인간은 주변 환경을 하나의 의미 있는 전체로 받아들이고 반응한다. 이 책을 읽고 있는 순간을 예로 들어보자. 우리는 검은 활자와 흰 여백을 함께 본다. 우리의 관심(전경)이 활자라고 해서 여백(배경)이 없다면 어떻게 되겠는가? 활자와 여백은 함께 어우러져 글씨를 지각하는 데 통합적으로 작용한다. 이것이 게슈탈트이다. 즉, 게슈탈트란 전체 경험이다. 이때 게슈탈트란 여러 가능성을 내포한 환경 속에서 개인이 의미 있게 구성한 것을 말한다. 또다른 예를 들어 보자. 월요일 아침에 만난 직장 동료가 "주말에 뭐 했어요?"라고 당신에게 물었을 때, "친구 만나서 영화 봤어요."라고 대답을 한다면 바로 '친구와 영화 본 것'이 하나의 게슈탈트이다. 우리는 영화표를 예매하고, 친구를 만나서 함께 영화관으로 이동하고, 영화를 관람한 후 집에 돌아오는 일련의 행동을 각각 분리하지 않고 하나의 의미 있는 전체, '친구와 영화 본 것'으로 지각하기 때문이다. 이러한 예는 우리 일상에 수없이 많다. 공부하기, 청소하기, 운동하기 등이 모두 하나의 전체 행동, 즉 게슈탈트들이다.

이제 게슈탈트의 개념을 상담 영역으로 확장해 보자. 자연스러운 게슈탈트 형성 과정에서는 유기체의 자기 조절 능력에 의해 특정 상황에서 선명한 욕구가 떠오른다. 가장 우선시되는 욕구가 전경으로 떠오르고 이 욕구가 충족되면 배경으로 물러나거나 전체 장(field)으로 흡수되는 과정이 연속적으로 자연스럽게 일어나는 것이 건강한 상태이다. 미리 정해진 욕구의 위계가 있는 것이 아니라 그 순간 주어진 장에서 가장 우선적인 욕구가 떠오르며 가장 중요하고 강력한 욕구는 전경으로, 덜 중요한 욕구는 배경으로 뚜렷이 구분될 때 명확한 게슈탈트를 형성하게 된다. 따라서 각 상황에서 가장 뚜렷한 유기체 욕구가 무엇인지 알아차리는 것이 중요하다. 전경으로 떠올린 욕구는 실현 가능한 행동 동기로 조직화되는데, 이 과정에는 개인 내적인 필요뿐 아니라 외적 요인까지 포함한 전체 장이 관여한다. 예를 들어, 길을 가다 배가 고프다고 해서 가까운 고급 레스토랑에 불쑥 들어가지는 않는다. 자신의 예산 범위 내에서 적당한 음식점을 찾으려고 할 것이다. 내적 욕구와 함께 외적 상황까지 고려하기 때문이다. 음식점 앞에 진열되어 있는 음식 사진들이 눈길을 붙들더라도 곧 친구를 만나 식사할 것을 예상하면서 그냥 지나치기로 결정할 수도 있다. 즉, 과거 경험, 습관, 현재 상황, 사회적 규범, 예측 등 현재에 영향을 미치는 장 안의 모든 것이 관련되어 있다. 따라서 게슈탈트 상담에서 게슈탈트란 유기체의 내적 욕구나 감정 그 자체가 아니라 유기체가 처한 외적 상황까지 고려하여 현재의 장 안에서 실현 가능한 행동 동기로 지각한 것을 말한다(김정규, 2015).

이제 '게슈탈트'라는 단어의 뜻을 통해 게슈탈트 상담은 그 이름에 이미 전체론적 관점을 내포하고 있음을 이해했을 것이다. 게슈탈트 상담은 모든 순간 및 인간의 전체성을 중요시한다. 각 부분이 어떻게 전체에 기여하면서 영향을 주고받는지에 관심을 가지며 모든 것은 함께 움직인다고 본다.

존경하거나 좋아하는 대상이 있다면 그 사람을 잠시 떠올려 보기 바란다. 그런데 혹시 내가 존경하는 그 사람을 다른 이는 별로 좋아하지도 않을뿐더러 심지어 부정적으로 바라보는 경우가 있었는가? 동일한 인물에 대하여 얼마든지 각자 다른 시간에, 다른 맥락에서, 다른 측면을 경험했을 수 있다. 게슈탈트의 개념을 사람에게 적용해 보면, 어떤 사람의 한 측면만 경험하고서 이를 그 사람 전체로 일반화하는 것은 그 사람의 중요한 다른 부분을 간과하거나 축소시킬 위험성을 가지고 있다고 말할 수 있다. 사람은 다양한 단면과 양극성을 가지고 있는 하나의 전체이기 때문이다.

이는 게슈탈트 상담 그 자체에도 적용된다. 이 책에 게슈탈트 상담의 기본 이론, 주요 개념 및 상담 과정 등이 설명되어 있지만, 게슈탈트 상담은 그 모든 요소의 합 이상이다. 전체적인 게슈탈트 상담의 본질은 개별 요소들의 분석과 이해만으로 다 얻을 수 없다. 또한 책을 통해 게슈탈트 상담을 지적으로 이해한다고 해도 경험적이고 체험적인 측면에서의 이해가 동반되지 않는다면 그것은 전체가 아닌 부분적 이해에 그칠 것이다. 그러므로 이론적 이해와 더불어 게슈탈트 상담을 직접 체험해 보면서 전체론적인 조망과 각자의 독특한 이해를 구축해 나가는 과정이 필요하다.

2. 전경과 배경

인간은 자신이 관심을 갖는 것에 초점을 맞추어 경험을 조직화하는데, 특정 순간에 관심의 중심에 떠오르는 것을 전경(figure)이라고 하고 관심 밖으로 물러난 나머지를 배경(ground)이라고 한다.

전경과 배경을 설명할 때 가장 자주 등장하는 예는 Rubin의 컵이다. Rubin의 컵에서 마주 보고 있는 사람의 얼굴이 전경이 될 때와 컵의 윤곽이 전경이 될 때, 우리는 각각 다른 지각 경험을 하게 된다. 사람의 얼굴과 컵을 동시에 볼 수 없듯이 한순간에 하나의 이미지만 전경이 될 수 있고, 관심이 변함에 따라 전경이 새롭게 형성되고 장이 재구성된다.

우리가 최종적으로 지각하는 것이 전경이라고 해서 배경이 부차적이거나 덜 중요한 것은 결코 아니다. 전경은 항상 배경에서 출현하는 것이기 때문이다. 즉, 배경이 없으면 전경이 형성될 수 없다.

전경과 배경의 관계를 인간 경험에 적용해 보자. 우리가 특정 순간 어떤 전경을 형성한다는 것은 지나온 과거 경험, 기억, 사회문화적 배경, 대인관계 등을 모두 포함한 배경을 바탕으로 한다. 한 여성이 차를 운전하며 라디오를 듣고 있는 상황을 예로 들어 보겠다. 라디오에서 흘러나오는 경쾌한 음악에 귀를 기울이며 즐거운 마음으로 운전을 하다가, 문득 그 노래가 학창 시절 친구와 함께 불렀던 노래라는 기억이 떠오른다. 그러자 노래의 선율은 서서히 뒤로 물러나고 친구와의 추억이라는 배경에서 그리움이 새로운 전경으로 형성된다. 전경이 멀리 있는 배경으로부터만 출현하는 것은 아니다. 영화관 안에 있다가 밖으로 나왔을 때를 떠올려 보자. 우리는 영화관을 나서자마자 밝고 환한 빛, 탁 트인 공간감, 시원한 바람을 경험한다. 방금까지 어둡고 밀폐된 영화관 안에 있었던 배경이 있었기에 이와 대비되는 밝음과 신선한 공기가 현재의 전경이 될 수 있는 것이다.

건강한 유기체는 순간순간 배경으로부터 명확한 전경을 형성하고 내적·외적인 환경의 변화에 따라 유연하게 다른 전경으로 이동한다. 앞서 제시한 예에서, 만일 친구에 대한 그리움이 온통 전경을 사로잡고 있어서 다른 전경이 출현할 수 있는 자리를 내주지 못한다면 지금 여기에서의 새로운 경험과 접촉하기가 어려울 것이다. 희미한 불빛 아래서는 사물의 형태를 제대로 볼 수가 없지만 밝은 빛 아래서는 명확하게 사물을 구별할 수 있듯이, 배경과 구분된 뚜렷한 전경은 그 순간의 욕구와 관심사를 제대로 반영해 주는 반면 과거 경험에 얽매여 있거나 미해결 과제가 쌓여 있으면 지금 여기에서의 생생한 전경을 형성하지 못한다.

또한 제한적인 배경이 새로운 전경 형성을 어렵게 하기도 한다. 낯선 사람을 만날 때 상대방이 나에게 호의적일 것이라고 기대하려면 과거 대인관계에서 긍정적인 경험을 했던 배경이 필요하다. 대인관계에 대한 의심과 회의라는 배경을 통해 세상을 바라보는 내담자는 상담자가 자신을 있는 그대로 수용하고 진정성 있는 관심을 보일 것이라고 기대하기 어려울 것이다. 이런 경우 상담자와의 대화적 관계가 내담자에게 새로운 배경을 제공하는 경험이 되면 내담자는 새롭게 획득한 배경으로부터 타인에 대한 신뢰라는 전경을 형성해 나갈 수 있다.

마지막으로 전경과 배경, 게슈탈트의 관계를 정리해 보면 전경과 배경은 함께 게슈탈트를 형성하며, 이때 게슈탈트란 조직화되고 의미 있는 전체를 뜻한다(김정규, 2015).

3. 미해결 과제:
포기할 수 없는, 그러나 여전히 완성하지 못한 숙제

요리 후 설거지를 한두 번 미뤄 둔다고 해서 당장 큰 문제가 생기지는 않는다. 부엌이 요리하기에 최상의 상태는 아니겠지만 꺼내 쓸 수 있는 여분의 그릇이 아직 남아 있을 수도 있고 당장 필요한 그릇 몇 개만 씻어서 사용할 수도 있을 것이다. 그런데 만일 한 달 이상 설거짓거리가 쌓여 있다면 어떻게 될까?

우리 삶에는 해결하지 않고 오랫동안 방치하면 설거짓거리가 쌓여 있는 것 이상으로 심각한 결과를 초래하는 문제들이 있다. 미뤄 놓고 지내는 기간이 길어질수록, 그 사안이 중요한 것일수록 상황은 심각해진다. 게슈탈트 상담자는 지금 여기에서 내담자의 전경이 무엇이고, 어떻게 전경으로 선택되는지, 전경과 배경의 순환이 어떻게 이루어지고 있는지에 관심을 갖는데, 전경과 배경의 순환이 원활하지 않다면 내담자가 미해결 과제를 갖고 있지 않은지 살펴볼 필요가 있다.

미해결 과제(unfinished business)라는 말은 Perls, Hefferline과 Goodman(1951)이 게슈탈트 심리학의 폐쇄의 원칙에 착안하여 고안한 것이다. 폐쇄의 원칙에 따르면 인간은 불완전한 대상을 지각할 때 비록 지각적으로는 그 모양이 완전하지 않더라도 요소들 사이의 부족한 부분, 빈틈을 채워서 대상을 완전한 전체로 인식하려는 경향성을 갖는다. 이 원칙은 유기체 경험에도 적용될 수 있는데, 어떤 경험을 충분히 만족스럽게 접촉하면 철수도 자연스럽게 이루어지는 반면, 충분한 접촉이 이루어지지 않으면 게슈탈트가 미완결되고 유기체는 미완된 경험을 완결시키려는 경향성을 나타낸다. 이때 미완된 경험을 미해결 게슈탈트 또는 미해결 과제라고 한다.

물론 현실에서 모든 욕구가 당장 충족될 수는 없기 때문에 때로는 욕구를 지연시키기도 한다. 그러나 미해결 과제가 중요한 것일수록 어떻게든 완결시키고자 하는 에너지가 강해지며 배경에 남아 해결을 끊임없이 요구하기 때문에 현재 상황에 영향을 미치게 된다. 그리고 이것이 내담자의 '주제'가 된다. 개인이 알아차리지 못하더라도 미해결 과제를 억누르는 데는 상당한 에너지와 노력이 필요하므로 현재에 집중할 수 있는 에너지는 그만큼 고갈된다. 쉬는 시간에 친구와 말다툼을 하고 화난 마음이 풀리지 않은 청소년은 수업 시간에 집중하기가 어려울 수 있다. 갑작스러운 사고로 인해 사랑하는 사람과 사별하게 된 경우도 마찬가지이다. 작별 인사도 하지 못하고 충분히 애도하지 못한 채 남겨진 사람은 고인에 대한 사별 경험을 완결시키기가 어렵기 때문에 고인이 없는 삶에 적응하기까지 더 많은 시간이 필요할 수 있다.

종종 미해결 과제는 분노, 죄책감, 미움, 불안 등 표현하지 못했던 감정으로 드러나곤 한다. 만일 이런 미해결 감정이 수치심, 죄책감, 열등감 같이 매우 핵심적인 것이면서도 알아차리지 못한 채 경험되고 있으면 효과적인 접촉을 통해 해소될 방법이 차단된 상태이므로, 결과적으로 뚜렷한 게슈탈트를 형성하지 못하고 배경에 뒤섞여 다양한 문제나 어려움을 야기한다. 특히 미해결된 감정은 우리 몸에 억압된 흔적을 남기는 경우가 많기 때문에 여러 신체 증상을 동반하기도 한다.

4. 고정된 게슈탈트:
경직된 패턴이 되어 버린 한때의 창조적 적응

미해결 과제는 회피한다고 해서 완벽히 억압되어 사라지는 것이 아니라 반복해서 일상 가운데 모습을 드러내는데, 이는 미해결된 것을 해결하라는 신호이며 유기체의 자연스러운 욕구라고 이해할 수 있다. 그러나 이런 경향성이 매우 강력하여 미해결된 경험에 사로잡히게 되는 경우 이를 고정된 게슈탈트(fixed gestalt) 또는 반복회귀 게슈탈트라고 부른다(김정규, 2015). 미해결된 경험에 사로잡힌다는 것은 그 경험이 완결될 때까지 미해결된 게슈탈트의 관점에서 세상을 해석하고 장을 조직화하게 된다는 뜻이다.

어린 시절에는 부모가 아이의 생존까지 좌우할 수 있는 매우 중요한 존재이므로 아이는 부모의 사랑과 인정을 받기 위해 필사적으로 노력하게 된다. 성취에 의해서 조건적으로만 인정을 해 주는 부모를 둔 아이의 경우, 부모의 기대를 충족시키기 위해 열심히 노력하고 부모의 흐뭇해하는 반응을 보면서 안심할지도 모른다. 아이는 그 상황에 적응하기 위해 자신이 고안할 수 있는 최선의 선택을 한 것이다. 그런데 성인이 되어 이제는 자신을 있는 그대로 수용해 줄 준비가 되어 있는 파트너를 옆에 두고도 여전히 '내가 저 사람의 기대에 못 미쳐서 나에게 실망하면 어쩌지?' '내가 사실은 그리 현명하고 성실하지 않다는 걸 알게 되면 나를 떠나지 않을까?'라며 전전긍긍하면서 상대방의 눈치를 살핀다면 어떻겠는가? 이 사람에게는 여전히 상대방의 인정을 성취하는 것이 주된 동기이며, 인정을 받고 있는지 아닌지를 중심으로 자신의 경험을 지각하고 조직화하고 있는 것이다.

한편 평소에는 현재와 접촉하며 지금 여기에서의 실제를 경험하는 데 큰 어려움이 없지만 특정 상황에서 고정된 게슈탈트가 촉발되어 이를 중심으로 장을 받아들이고 해석하게 될 수도 있다. 예를 들어, 대부분의 시간에는 친구와 별 문제 없이 지내다가도 어린 시절 자신을 무시하고 핀잔을 주던 부모를 상기시키는 친구의 특정 표현이나 표정을 보게 되는 경우에는 매우 민감하게 반응할 수 있다. 그 순간 고정된 게슈탈트에 압도되어 장을 지각하기 때문이다.

미해결 과제와 관련하여 이미 굳어지고 고정된 대응 방식은 충분한 접촉을 통해 경험을 완결시키는 것을 어렵게 한다. 원래의 욕구가 억눌려 있고 이에 대한 알아차림이 끊어진 상태에서는 그 욕구를 접촉할 수도 없으므로 결국 만족감을 느끼고 미해결 과제를 완결시킬 수가 없다.

게슈탈트 상담에서는 소위 병리적이라고 일컬어지고 있는 모든 증상을 개인이 어려운 상황에 대처하기 위해 창조적으로 적응한 결과라고 본다. 개인이 현재 가지고 있는 문제는 한때는 어려움을 극복하기 위해 주어진 상황에서 선택한 최선의 방법이었으나 현재 맥락에서는 더 이상 효과가 없는데도 반복하고 있는 경직된 대응 패턴이다. 이러한 악순환의 고리 속에서는 환경이 변화하고 주어진 자원이 더 많아졌는데도 불구하고 여전히 이전의 반응을 반사적으로 반복하면서 같은 문제에 봉착하게 된다. 심지어 이러한 대응 전략이 오랫동안 반복적으로 사용되어 자동화되면 나중에는 자신이 특정 전략을 쓰고 있는지조차 인식하지 못한 상태로 선택의 자유를 잃어버린다.

'한때의 창조적 적응'은 개인마다 독특한 방식으로 일어나며 경직된 방식이 만들어 내는 증상도 제각각이다. 따라서 문제는 특정 행동이나 증상 자체가 아니라 한때는 최선이어서 선택했던 행동 방식이 환경의 변화와 관계없이 고정되고 습관화된 것이라고 이해해야 할 것이다.

고정된 게슈탈트를 해소한다는 것은 결국 장을 조직화하는 방식을 유연하게 만들고 전경과 배경의 관계를 새롭게 하여 내담자의 경험이 다르게 해석될 수 있도록 하는 것이다. 이를 위해 무조건 현재의 패턴을 멈추고 없애라고 하는 것은 효과적이지 않다. 표면적으로 드러나는 괴로움과 고통만 남아 있고 그 배경은 어느새 잊혀진 경우가 많기 때문에 자신이 무엇을 하고 있는지, 어떻게 하고 있는지에 대한 알아차림이 없는 상태가 대부분이기 때문이다. 하지만 한때는 정당하고 최선이었던 자신의 선택의 배경을 알아차리고 나면 변화는 자연스럽게 뒤따른다. 배경에 대한 이해는 전경의 의미를 명료하게 해 준다.

우리는 고정된 게슈탈트를 중심으로 자신의 삶을 스토리텔링
하는 경우가 많다. 온통 어린 시절의 불행만을 이야기하며 자신
을 무가치하다고 여기는 내담자는 자신을 인정하고 애정을 주었
던 할머니의 존재는 잊고 있을 수 있다. 불행한 스토리에 과도하
게 집중하여 고정된 방식으로 자신의 삶을 이야기하던 내담자는
다른 부분들을 포함한 전체 이야기에 관심을 갖고 진정성 있게 궁
금해하는 상담자와의 대화를 통해 자신의 삶에 빠져 있던 부분을
채워서 이야기를 재구성할 수 있게 된다. 물론 고정된 게슈탈트는
항상 한때 그럴 만한 이유가 있어서 형성되었던 것이므로 상담자
는 내담자의 이야기에 반박하기보다는 먼저 그 배경을 함께 탐색
하며 이해할 필요가 있을 것이다. 동시에 내담자의 고정된 방식에
융합하지 않으면서 내담자가 알아차리지 못하는 자동화된 방식이
어떻게 장 관점을 고정시켜 버렸는지 발견하도록 도와줄 수 있다.
자신의 삶을 바라보는 장 관점이 유연하게 재구성되고 나면 내담
자의 이야기가 달라져 있음을 발견할 수 있다. 경험 자체는 그대
로이지만 이야기가 바뀌면서 그 경험을 바라보는 시각이 변화하
고, 결국 이야기가 바뀌면 경험도 바뀐다.

미해결 과제를 유지시키는 기제: 경험 회피와 고정된 태도의 반복

회피는 미해결 과제를 완결시키지 못하고 지속하게 만드는 주요 원인이다. 회피에는 항상 그럴듯한 이유와 변명거리가 수반되는데, 이때 상담자는 내담자와 논쟁을 할 것이 아니라 내담자가 무엇을 회피하고 있는지, 어떻게 회피하고 있는지를 알아차리도록 돕는 것이 중요하다.

미해결 과제를 해결하기 위해 우선적으로 필요한 것은 피하지 않고 그것을 알아차리는 것이다. 알아차린 후에는 충분히 머무르는 과정, 즉 접촉이 필요하다. 감정이든 욕구든 충분히 접촉하여 해소되지 않고 회피한 채로 남아 있는 것이 미해결 과제이다.

미해결 과제를 유지시키는 또 다른 기제는 반복이다. 인간은 미완된 것을 완결시키고자 하는 강한 경향성을 가지고 있기 때문에, 회피에도 불구하고 미해결 과제는 계속 출현하여 해결이 필요하다는 신호를 보낸다. 그럼에도 불구하고 여전히 미해결 과제가 완결되지 않는 이유는 그 문제를 대하는 고정된 태도가 반복되고 있기 때문이다. 이러한 고정된 접근 방식을 고정된 게슈탈트라고 한다.

5. 알아차림: 지금 여기를 있는 그대로 경험하기

알아차림은 그 자체가 치료적 도구이자 목표라고 할 만큼 게슈탈트 상담에서 매우 핵심적인 개념이다(Perls et al., 1951). 알아차림이란 유기체와 환경 간의 상호작용 속에서 나타나는 현상에 대하여 아무런 편견이나 선입견 없이, 판단하지 않고, 아무것도 배제시키거나 피하지 않고, 있는 그대로를 따라가며 체험하는 것이다. 이는 설명하고 해석하는 것이라기보다는 접촉하고 느끼고 기술하는(describe) 것에 가깝다(O'Leary, 1992).

알아차림을 더욱 정확히 이해하기 위해 알아차림과 유사한 몇 가지 개념을 구분하는 것이 도움이 될 것이다. 먼저 알아차림은 내성(introspection)과는 다른데, 내성은 주로 인지적인 수준에서 작동하고 내성을 하는 주체와 내성의 대상인 객체를 분리시킨다(James, 1890). 즉, 나를 의식적으로 분리시켜 관찰한다. 그러나 알아차림은 나와 대상을 분리시키지 않는 통합적인 체험이다. Perls와 동료들(1951)은 "알아차림은 당신 안에서 일어나는 것—당신이 무엇을 하고 있는지, 무엇을 느끼고 있는지, 계획하고 있는지—에 대한 자발적인 감지인 반면, 내성은 평가적·교정적·통제적 방식으로 이런 활동들에 주의를 기울이는 것이다."(p. 88)라고 하면서 알아차림과 내성을 구분하였다. 또한 Perls(1969b)는 알아차림이 스스로 타는 석탄이라면, 내성은 전등을 켰을 때 물체에서 반사되는 빛과 같다고 설명하였다. 이런 내용을 정리해 볼 때, 알아차림은 나타나는 여러 현상을 발견하고 체험하는 것과 관련되어 있고 보다 과정 지향적인 반면, 내성은 관찰·분석하는 것과 관련되어 있으며 보다 평가적이라고 할 수 있다. 또한 발견과 체험이 현재에서 일어나는 일이라면 분석은 이미 지난 것에 대한 것이므로 내성은 과거 중심이다. 알아차림은 언제나 현재 상황에 대한 인식에서 출발한다(Enright, 1970).

알아차림은 통찰(insight)과도 구분되는데 알아차림이 인지적·정서적·신체적 경험인 반면, 통찰은 주로 인지적 차원에서 이루어진다. 특히 상담 분야에서 통찰은 주로 현재 문제에 대한 원인이나 무의식적 요인에 대한 이해와 더 관련이 있기 때문에 과거 중심적인 반면, 알아차림은 현재에 초점을 두고 있다. 지나치게 인지적인 통찰을 강조하게 되면 오히려 알아차림이 방해를 받는다.

마지막으로 주의(attention)와 알아차림을 비교해 보자. 일단 알아차림이 장에서 일어나는 다양한 현상에 주의를 기울임으로써 이루어진다는 점에서 주의와 유사한 부분이 있다. 하지만 주의가 매우 집중한 상태에서 이루어진다면 알아차림은 이완된 상태에서 이루어진다는 점에서 차이가 있다. 어느 한 부분에 몰두하는 주의 과정에서는 오히려 주변 상황을 차단시켜 자연스러운 알아차림이 방해를 받을 수 있다. 그러나 알아차림은 연속적인 과정으로 어느 한 상태에 정지해 있지 않고 장이 변화함에 따라 자연스럽게 관심을 옮겨 가며 이동한다.

Perls는 모든 사람이 자기의 욕구를 충분히 알아차리고 이에 따라 행동할 수 있는 능력을 가지고 있다고 보았다. 그렇다고 해서 우리가 언제나 완전한 알아차림 상태에 있는 것은 아니다. 항상 높은 수준의 알아차림 상태를 유지하는 것은 가능하지도 않고 반드시 필요한 것도 아니다. 알아차림의 정도는 매 순간 달라지는 것으로 어떤 때는 둔감하고 습관적이지만 또 다른 때는 매우 새롭고 생생하다. 알아차림이 필요한 정도는 상황에 달려 있는데 중요한 시험을 앞두고 집중하여 책을 읽는 경우라면 배고픔도 잊은 채 식사 시간을 훌쩍 넘길 수도 있다. 그러나 특정 순간에 국한되는 것이 아니라 평소에도 자신의 신체 감각을 잘 알아차리지 못하여 필요한 것을 공급하지 못한다면 문제가 될 것이다. 과거에 연연하고 미래를 걱정하며 고정된 행동과 사고 패턴에 갇혀 있으면 알아차림을 놓치게 된다. 그러나 알아차림을 회복할수록 점차 지금 여기, 내 몸으로 돌아오는 경험을 하게 된다. 알아차림은 계속 진행 중인 과정이며 알아차리려면 현재에 머무를 수 있어야 한다.

지금 여기에서 자신의 내적 · 외적 환경에서 일어나는 것들을 자연스럽게 알아차리지 못하면 명확한 게슈탈트를 형성하고 완결하는 것이 어려워지고 이는 여러 정신건강 문제를 야기하게 된다. 따라서 게슈탈트 상담에서 정신병리란 자연스러운 알아차림의 과정에 문제가 생긴 것이라고 보고, 알아차림을 회복시키고 증진시킴으로써 문제를 해결하고자 한다.

상담 장면에서 구체적으로 개입할 때는 내담자의 미해결 과제를 알아차리도록 하여 이를 완결시키거나 매 순간 알아차림의 연속을 통해 지금 여기에서의 명확한 게슈탈트를 형성하도록 돕는 것 모두 사용된다. 보통 내담자는 미해결 과제가 있어서 상담실을 찾아오므로 대부분은 미해결 과제의 해소와 관련한 알아차림 작업을 우선시하는 경향이 있다. 물론 내담자가 상담에 올 때 이미 자신의 미해결 과제를 머리로 알고 있다고 해서 그것이 곧 알아차림 상태라고 할 수는 없다. 앞서 설명했듯이 알아차림은 내성이나 지적 통찰과는 다른 것으로서 체험에 더 가깝다고 할 수 있다. 미해결 과제의 완결을 위해서는 미해결 과제와 관련되어 드러나는 고통스러운 감각, 감정, 생각 등을 피하지 말고 알아차려야 하며,

지금 여기에서 뚜렷한 전경으로 떠올릴 수 있을 만큼 충분히 머물러야 한다. 물론 이는 쉬운 일이 아니다. 대부분의 경우 미해결 과제를 완결하고 해소하지 못하는 이유는 미해결 과제에 대한 알아차림 과정이 무척 고통스럽기 때문일 것이다. 어떤 경우에는 먼저 자신의 소외된 부분, 감정, 욕구 등에 대해 차츰 알아차리게 되는 과정을 거친 후에야 가장 핵심적인 미해결 과제에 직면하게 되기도 한다. 그러나 일단 충분히 알아차리고 나면 묶여 있던 에너지가 방출되면서 긴장이 완화되고 기분과 생각에 변화가 따르며 자기 이해 및 수용이 확장된다. 또한 알아차림은 자주 성장으로 이어지곤 한다.

내담자의 알아차림을 증진시키는 방법은 따로 시간을 정해서 하는 훈련보다는 상담 회기 내내 스며들어서 적용된다. 내담자가 어떤 경험을 회피한다거나 접촉을 잘 하지 못하는 것 같으면 상담자는 내담자를 잠시 멈추게 할 필요가 있다. 대개 이런 순간은 내담자가 갑자기 화제를 전환하는 것, 신체의 특정 부위를 긴장시키는 것, 눈물이나 웃음 등의 감정 표현을 서둘러 마무리하는 것 등을 통해 드러나는데, 상담자는 내담자에게 잠시 머물러서 현재 무엇을 경험하고 있는지 알아차려 보라고 요청할 수 있다. 내담자가 여전히 잘 알아차리지 못할 때는 다양한 실험적 방법으로 도움을 줄 수 있는데 신체 감각을 알아차리는 것에서 시작하는 것이 좀 더 수월하다.

연속적인 알아차림은 생각이나 감정, 욕구를 특정 상황에 떠올랐다가 다시 사라지는 과정으로 보게 해 준다. 자신이나 타인, 세상에 대해 가지고 있는 신념, 얽매여 있던 감정이 모두 고정된 것이 아니라 특정 상황 속에서 존재하는 것임을, 그리고 그 생각과 감정이 어떻게 작동하고 있는지를 알아차리면 다시 지금 여기와 접촉하며 유기체의 자기 조절 능력이 이끄는 방향으로 나아갈 수 있게 된다.

함께 생각해 보기

– 알아차림과 접촉으로 초대하는 상담자의 말,
"지금 무엇을 경험하고 있나요?"와 "머물러 보세요."에 대하여–

게슈탈트 상담자에게는 이 두 문장이 매우 익숙할 수 있지만, 내담자는 이 말의 뜻 자체를 잘 이해하지 못하는 경우가 종종 있다. 영어로 된 문장을 우리말로 직역했을 때 다소 어색하게 들리는 것이 사실이다. 나 또한 게슈탈트 상담의 내담자로서 처음 이 말을 들었을 때 금방 이해가 되지 않았다. 상담자가 잠시 머물러 보라고 하는데, '도대체 어떻게 하라는 말인가? 어떻게 하는 것이 머무르는 것인가?' 하고 의아해하면서 정작 알아차림과 접촉에서는 멀어졌던 기억이 있다.

상담자가 어떻게 하면 원래 취지를 살리면서도 내담자가 보다 이해하기 쉽게 표현할 수 있을까? 다양한 대안이 가능할 것이다. 가령 '지금 무엇을 경험하고 있는지'를 포괄적으로 질문하기보다는 '신체 감각은 어떤지' '어떤 감정이 느껴지는지' 등 세부적인 영역으로 나누어 질문을 하면 좀 더 쉽게 이해될 수도 있을 것이다. 알아차림 과정에 차츰 익숙해지면 나중에는 "지금 어떤 경험을 하고 있나요?"라는 질문에 내담자는 더 쉽게 대답할 수 있다.

"머물러 보세요."라는 말은 내담자에게 좀 더 어렵게 느껴지는 듯하다. 방금까지 차오르던 눈물을 웃음으로 편향시킨 내담자라면, 다른 곳으로 도망치지 말고 잠시 눈물을 흘리던 그 감정으로 되돌아가 그 감정과 더 충분히 접촉해 보라는 의미의 초대일 수도 있고, 뚜렷한 전경을 떠올리지 못하는 내담자에게는 잠시 시간을 두고 무엇이 나타나는지 지켜보자는 말이 될 수도 있겠다. 각 상담 장면에 따라 내담자를 좀 더 구체적으로 안내해 줄 수 있는 여지는 얼마든지 있어 보인다.

장황하게 설명하거나 특정 방향으로 유도하지 않으면서도 좀 더 이해하기 쉽게 내담자를 안내할 수 있는 방법을 찾아보는 것은 어떨까?

6. 접촉: 다양한 종류의 다른 것과의 만남

접촉이란 한마디로 만남이다. 좀 더 덧붙이자면 나 아닌 다른 것들과의 만남이며(Crocker, 1999), 보다 구체적으로는 그 순간 출현한 것들과의 만남이다(Yontef & Jacobs, 2007). 타인, 다른 것, 새롭고 낯선 것에 대해 알아차리고 그것들을 경험하는 것이다(Laura, 1992b). Perls(1969)는 "접촉이란 차이에 대한 인식이다."(p. 249)라고 정의하였는데, 이를 Polster(1995)의 표현으로 바꾸면 "접촉이란 나와 내가 아닌 것 간의 만남"이라고 할 수 있다.

이러한 접촉은 어떤 상태가 아니라 항상 진행 중인 과정으로, 마치 우리 몸 안에서 하루 종일 혈액 순환이 되고 있는 것, 혹은 숨을 쉬고 있는 것만큼이나 일상적인 활동이다. 또한 우리는 접촉을 통해서 욕구와 필요를 충족하고 완결시킬 수 있다.

접촉은 연결되고 분리되고 움직이고 알아차려지는 과정으로 구성되며(Yontef, 1993) 우리는 항상 접촉의 과정 중 어딘가에 있다. 새 학기가 되어 강의실에 도착했을 때 마음에 드는 자리를 찾아 앉았다고 가정해 보자. 만일 옆자리에 누군가 앉아 있다면 이것은 '근처에 나오는 다른 어떤 존재가 있다'는 정도의 낮은 알아차림을 가진 접촉이라고 할 수 있다. 그런데 만일 옆 사람과 인사를 나누고 서로 소개를 하며 대화를 나눈다면 옆 사람은 명료한 전경이 되고 이때의 접촉은 보다 풍부해진다. 이 예에서 알 수 있는 것처럼 접촉은 접촉의 질에 따라 피상적이고 미미할 수도 있고 구체적이고 정확할 수도 있다. 사실 전자의 예는 엄밀한 의미의 접촉이라고 하기도 어렵다. 전 접촉 단계 정도라고 할 수 있을 것이다.

보는 것, 듣는 것, 느끼는 것, 움직이는 것, 만지는 것과 같은 감각 및 운동 기능은 잠재적으로 접촉을 만드는 기능이지만, 접촉은 이런 여러 기능의 합 이상이다. '전체는 부분의 합보다 크다'는 명제가 접촉에도 적용된다. 보는 것과 듣는 것 자체가 좋은 접촉을 보장하지는 않으며 어떻게 보고 듣느냐, 즉 어떻게 경험하느냐가 접촉의 질을 결정한다. 그저 해가 지는 것을 바라보는 경험과 다양한 색으로 물드는 석양의 생생하고 충만한 경험을 하는 것 사이의 차이를 만드는 것은 바로 접촉의 질이다.

게슈탈트 상담은 접촉의 양과 질에 모두 관심이 있다. 접촉은 사물, 자연 현상, 동물, 사람, 기억, 이미지 등 다양한 대상과 있을 수 있는데, 특히 사람과 사람의 접촉인 대인 간 접촉은 매우 중요하다. 부부나 가족, 친구 간에 경계를 침범하고 동일시를 강요하거나 상대의 관심사를 무시하고 자기 이야기만 한다면 접촉의 질이 매우 낮아질 것이다. 동일시는 좋은 접촉을 방해한다.

접촉은 개별적인 존재들 '사이'에서 생겨나는 것이므로 나와 나아닌 것의 분리가 선행되어야 접촉이 가능하다. 즉, 나와 다른 것 사이의 관계에 대한 알아차림이 전제되어야 한다. 알아차림을 통해서 내가 동화시킬 수 있는 것은 받아들이고 동화시킬 수 없는 것은 거부하게 되는데, 무엇을 받아들이고 무엇을 거부할지를 결정함에 있어 자신의 경험과 판단을 알아차리고 신뢰하는 것은 매우 중요하다. 접촉은 고정된 객관적 세계를 수동적으로 인식하는 것이 아니라 현상학적으로 경험적 실제(reality)를 창조하는 적극적 과정으로서 창조적 상호작용임을 알 수 있다. 충분한 접촉을 통해 동화된 것은 경계를 확장시켜 주고 자연스럽게 성장과 변화를 일으킨다. 이는 자기 자신과의 접촉에도 해당되는데, 변화의 역설 이론에서처럼 있는 그대로의 자기 자신과 충분히 접촉하면서 자기가 아닌 것이 되려는 노력을 멈추면 오히려 변화가 일어난다.

상담 장면에서 상담자와 내담자의 접촉은 매우 중요하다. 게슈탈트 상담자는 그 어떤 기법보다도 내담자와의 접촉의 질이 중요하다는 것을 안다. 특히 첫 접촉은 이어지는 상담 과정에도 중요한 영향을 미치는데 양질의 접촉이 일어나려면 상담자와 내담자가 서로 분리되어 있다는 감각과 더불어 충분한 공감과 지지가 있어야 한다. 접촉의 결과는 미리 예측할 수 없기 때문에 내담자는 접촉 과정에서 불안을 경험할 수 있다. 필수적인 지지가 부족하면 불안을 경험하게 되는데 이는 마치 산소가 부족한 것과 마찬가지의 상태이다. 상담자가 내담자에게 지지를 제공할 수 있는 정도는 상담자 자신이 스스로에 대해 얼마나 지지를 가지고 있는지, 그리고 내담자 안에서 가용한 것이 무엇인지에 대해 얼마나 알아차리고 있는지에 달려 있다.

앞서 언급한 접촉이 생겨나는 지점, 나와 접촉하는 대상 '사이'를 접촉 경계라고 부른다. 접촉 경계란 나와 환경이 만나는 곳, 나와 나 아닌 것을 경험하는 지점으로 고정된 물리적 공간을 말하는 것이 아니다. 이전에는 알아차려지지 않았고 뚜렷하지 않았던 경험이 명확한 게슈탈트로서 전경에 떠오르는 곳이며 흥분, 호기심, 관심 또는 두려움, 적대감이 있는 곳이다(Brownell, 2010). 만일 개인이 건강하다면 접촉 경계는 충분히 유연하고 환경과의 상호작용이 적절히 이루어질 수 있을 것이다. 또한 이러한 상호작용을 통해 새로운 것, 외부의 것을 동화시키고 통합하며 나-경계(I-boundary)를 확장한다. 그러면서도 외부에서 들어오는 것에 휩쓸리거나 융합되지 않고 분리되고 독립적인 내적 상태를 유지할 수 있다.

반면, 건강하지 않은 상태에서는 자기를 잃어버릴까 봐 두려워하고 접촉을 피하게 된다. 이런 상태에서는 새로운 것과의 상호작용으로 인한 흥미와 흥분 에너지를 자기 안에 가두게 되고 고정된 행동 및 지각 방식을 고수하게 되므로 동화가 일어나지 않고 통합도 있을 수 없다. 즉, 더 이상 성장하기가 어렵다. 차이를 인식하지 않으면 접촉이 일어날 수 없고, 접촉이 없으면 성장도 없다.

결국 우리가 변화한다는 것은 접촉한다는 것이다. 접촉은 자기 자신과 세상에 대한 경험을 바꾸는 수단이다(Polster & Polster, 1973). 따라서 접촉은 치유적이다.

접촉 경계의 종류

접촉 경계는 각 개인마다 독특하며 접촉 경계의 상태는 개인과 환경 간의 관계가 어떠한지를 보여 준다. Polster와 Polster(1973)는 접촉 경계를 여러 영역에 걸쳐 다양한 종류로 나누어서 설명했는데, 신체 경계, 가치 경계, 친숙함 경계, 표현 경계, 자기 노출 경계 등 다섯 가지를 소개하였다.

특정 신체 부위에서는 아무런 감각도 느끼지 못하는 경우도 있고(신체 경계), 자기와 다른 가치 체계를 가진 사람과는 관계를 맺지 않기도 하며(가치 경계), 해외 여행을 가서도 평소에 먹던 친숙한 음식이 아니면 전혀 시도해 보지 않을 수도 있다(친숙함 경계). 서운한 마음은 절대 표현하지 않거나(표현 경계), 학창 시절 왕따 경험을 절대 밝혀지면 안 될 비밀로 간직할 수도 있다(자기 노출 경계).

이런 접촉 경계들은 나-경계를 구성하며 나-경계에 따라 어떤 접촉을 허용할지가 결정된다. 나-경계 안에 있는 것과는 접촉이 쉽게 일어나지만 나-경계를 벗어나는 것은 자기로 받아들이지 못하고 소외시키기 때문에 접촉하기가 어렵다. 따라서 너무 경직되고 제한된 나-경계를 가진 사람은 고정된 패턴 속에 갇혀 새로운 것을 전혀 시도하지 않고 단조롭고 지루하게 살아가거나 더 나아가 여러 심리적 문제를 경험할 수도 있다.

따라서 좋은 접촉 경계는 적절한 정도의 유연성과 유동성을 가져야 하는데, 즉 접촉을 허용할 만큼은 투과적이어야 하며 동시에 자신과 타인을 분리할 수 있을 만큼은 견고해야 한다(Yontef, 1993).

7. 자기: 내용 및 개념으로서의 자기 VS. 과정 및 기능으로서의 자기

게슈탈트 상담 이론에서는 자기(self)를 두 가지로 구분한다. 하나는 내용 및 개념으로서의 자기이고, 다른 하나는 과정 및 기능으로서의 자기이다. 게슈탈트 상담 이론에서 자기를 개인에게 속한 고정된 구조로 보지 않고 과정 및 기능으로 본 것은 매우 급진적인 관점이라고 할 수 있다.

그렇다면 자기를 과정이자 기능으로 본다는 것이 어떤 의미인가? Lobb과 Lichtenberg(2005)는 이를 설명하기 위해 영아의 예를 제시하였다. 영아의 빠는 능력은 세상과의 접촉을 가능하게 해 주는 일반적인 능력이자 인간 기능이라고 할 수 있다. 반면 무엇을 빠는지는 내용에 관한 것이다. 여기서 영아의 빠는 능력에 해당하는 것이 자기의 기능이다. 만일 빨지 못하게 한다면 어떤 일이 생길까? 영아는 세상과 접촉하고 상황에 창조적으로 적응하기 위해 다른 무언가를 함으로써 대처하고자 할 것이다. 이때 게슈탈트 상담은 영아가 무엇을 빨고 있는지에 해당하는 내용에 치중하기보다는 빠는 기능이 어떻게 작동되고 있는지, 빨지 못할 때 어떻게 반응하고 있는지에 관심을 갖는다.

종종 우리는 "진정한 나 자신을 찾고 싶다."라는 말을 하기도 한다. 그런데 자기를 어디서 찾을 수 있을까? 자기는 우리 바깥에 어떤 정해진 형태와 내용으로 존재하고 있어서 발견되어야 하는 실체가 아니라 일상적인 경험 과정 속에 있다(Brownell, 2008b). 어떤 사람에게는 매력을 느끼고 또 다른 사람에게는 혐오감을 느끼며 무언가에서 흥미나 지루함을 발견하는 것 같은 일상적인 경험 말이다. 따라서 누구를 만나는지, 어떤 환경에 있는지에 따라 여러 다양한 자기에 대한 경험이 가능하다. 구체적인 내용의 자기를 가지고 있다기보다는 자기가 있다는 감각, 즉 자기감을 경험한다고 표현하는 것이 더 정확할 것이다(Yontef, 2002). 자기는 어떤 특정 순간, 주어진 상황 안에서 다양한 맥락과 연결되어 있는 매우 유동적인 체계이다. 그리고 이 자기감은 매 순간 재형성되는 것이다.

따라서 자기란 변화하는 접촉 경계에 존재한다고 할 수 있다. 자기는 접촉과 관계를 통해 발달하며(Mackewn, 1997), 환경과 자발적이고 창조적으로 접촉할 수 있는 유기체의 능력이다(Woldt & Toman, 2005). 가장 생생한 자기를 만나는 순간은 바로 유기체-환경 장의 상호 교류 속에 있을 때라고 할 수 있다. 접촉하고 있는 대상과의 대비를 통해서 자기를 더 선명하게 알아차리게 되는 것이다. 열대지방에 사는 사람은 추운 겨울을 알 수 없을 것이다. 이와 유사하게 어두움이 있기 때문에 그와 대비되는 밝음을 경험할 수 있다. 어두움 없이는 밝음이라는 개념 자체가 존재할 수 없는 것이다. 마찬가지로 자기가 아닌 것이 없이는 자기도 없다. 자기를 자기가 아닌 것과 구별시켜 주는 타인, 외부의 사물 등이 있을 때에만 자기는 존재한다. 연애를 해 보면 자기에 대해서 많은 것을 알게 된다는 말이 있다. 연인과의, 즉 자기가 아닌 것과의 강렬한 접촉을 통해 그와 대비되는 생생한 자기감을 갖게 되기 때문일 것이다. 연인이 아니더라도 새로운 환경, 새로운 사람과의 관계를 통해 이전에는 몰랐던 자기를 발견하게 된 경험을 한 적이 있을 것이다. 자기란 고정되어 있는 실체가 아니라 접촉하는 대상에 따라서 다양하게 변화하는 것이기 때문이다.

자기가 유기체와 환경 사이의 중간, 접촉 경계에 있다는 것은 자기의 독특한 관계적 특징을 나타낸다(Woldt & Toman, 2005). 즉, 자기는 장의 '다른 것'과 접촉하는 기능으로 이해될 수 있는데, 이는 인간은 타인과 불가분의 관계로 묶여 있고 자기의 장과 타인의 장 사이에 절대적이고 정확한 절단점은 없다는 뜻이다. 유기체와 환경의 관계는 파도와 해변의 관계에 비유될 수 있다. 어디까지가 파도이고 어디까지가 해변인가? 그 둘은 붙어 있다. Lee(2002)는 분리할 수 없는 유기체와 환경과의 관계를 "만일 당신과 내가 서로에게 의미 있다면, 당신은 나의 '자기'를 구성하는 일부이고 나는 당신의 '자기'를 구성하는 일부이다."(p. 36)라고 표현하였다. 이는 게슈탈트 상담의 관계적 특성과도 연결된다.

자기의 유동적이고 연속적인 특징을 표현하기 위해 심지어 'selfing'이라는 용어가 사용되기도 한다. Wolfert(2000)는 selfing을 "하나의 활동이자 역동적인 관계로, 장의 힘들이 작동하는 가운데 경험을 형성하고, 경험함으로써 형성되는, 끊임없이 움직이고 변화되는 조직이다."(p. 77)라고 설명하였다. Wheeler(2000)도 자기는 "경험적 장을 통일시키는 자연스러운 과정, 경험에 대한 게슈탈트 창조자(gestalt-maker), 게슈탈트를 만드는 과정 자체"(pp. 103-104)로 이해해야 한다고 하였다.

결론적으로, 내용으로서의 자기와 과정으로서의 자기는 통합적으로 이해되어야 한다. 사실 게슈탈트 상담자들은 과정으로서의 자기에 좀 더 치중하는 경향이 있어서 보다 지속적이고 일관된 특징을 가지고 있는 자기보다는 지금 여기의 접촉 경계에서 변화 과정으로서 드러나는 자기에 더 관심을 기울였던 것이 사실이다. 그러나 인간 이해에 있어 이 둘은 상호 보완적이며 상담자는 변화하는 과정으로서의 자기와 지속적인 특징을 가진 자기 모두에 동등하게 주의를 기울일 필요가 있다. 현재 전경에 드러나는 변화 과정으로서의 자기는 보다 지속적인 특징을 가진 자기라는 배경에서 출현하는 것으로, 전경과 배경은 어느 하나가 더 중요한 것이 아니라 상호 밀접하게 관련되어 있는 것과 마찬가지이다. Wheeler(1991)는 게슈탈트 상담자가 개인의 배경에 스며들어 있는 습관화되고 반복적인 접촉 방식, 지속적인 특징에도 동등한 관심을 기울이고 자기의 연속적인 특징과 변화하는 과정을 통합해야 한다고 지적하였다. 재미있는 사실은 우리가 배경에 관심을 기울이는 순간 그것들은 이미 전경이 된다는 것이다(Yontef, 1992).

게슈탈트 이론에서 성격이란 무엇인가

고정된 구조로서의 성격이 실제로 있다고 말할 수 있는가? 적어도 게슈탈트 상담자는 성격을 우리 내부에 내재해 있는 어떤 것이라고 보진 않는다. Yontef와 Bar-Yosrph(2008)은 성격을 '느리게 움직이는 과정(slow moving process)'이라고 하였다. 게슈탈트 상담에서는 자기와 성격 모두를 고정된 실체가 아니라 변화하는 과정이라고 보는데, 성격은 자기에 비해 좀 더 장기간에 걸쳐 일관성을 유지하고 있는 체계라고 할 수 있다. "나는 누구인가?"라는 질문에 대해 스스로 어떻게 대답하겠는가? 이 질문에 대한 당신의 대답이 성격 기능을 드러낸다. Perls 등(1994)은 "성격이란 자기를 말로 표현한 것이다."(p. 160)라고 하였다.

게슈탈트 상담에서 성격 기능은 스스로 자기라고 정의내린 것에 기초해서 환경과 접촉하는 능력을 말한다(Woldt & Toman, 2005). 예를 들어, 자기를 유능하다고 생각하는 사람은 무능하다고 생각하는 사람과는 다른 방식으로 환경과 접촉할 것이다.

성격은 다양한 측면을 내포하고 있는데, 특히 반대되는 극이 공존한다. 예를 들어, 따뜻함과 냉정함, 부드러움과 경직됨, 친절함과 무례함, 적극성과 소극성, 대범함과 소심함 등이다. 많은 경우 개인은 두 극 중 어느 한 면을 더 많이 발달시키고 다른 한 쪽은 소외시키곤 하는데, 이 불균형이 심해지면 상전(topdog)과 하인(underdog)으로 대변되는 내적 갈등이 일어난다. 내사를 통해 강화된 상전의 모습은 힘이 세고 강력한 반면, 하인은 억압되어 있으므로 내담자 스스로 두 극 간의 균형을 잡아 가기란 쉽지 않다. 따라서 게슈탈트 상담자는 어떻게 자기의 일부분을 소외시키고 있는지를 내담자가 알아차리도록 하고, 내면의 대립된 양측 간의 대화적 접촉을 할 수 있도록 돕고자 한다.

6장

게슈탈트 상담의 인간관:
스스로 조절하는 전체로서의 유기체

대화적 실존주의와 현상학의 토대 위에 있는 게슈탈트 상담은 기본적으로 '인간의 본질은 무엇이다.'라고 단정 짓지 않는다. 실존주의적 입장에서 보면, 인간은 이미 정해진 존재가 아니라 스스로 자신을 만들어 가는 실존적 존재이다. 다시 말해 인간은 태어나면서부터 어떤 존재라고 혹은 어떤 존재여야 한다고 규정되어 있는 것이 아니라, 자신이 던져진 이 세계 속에서 스스로 '선택하고' '책임지며' '자유롭게' 본질을 '창조해 간다'. 인간의 본질은 이미 주어져 있거나 정해져 있는 것이 아니므로 매 순간 스스로 자신을 어떻게 만들어 가느냐에 달려 있다. 이 말은 Sartre의 유명한 명제, "실존은 본질에 앞선다."와도 맞닿아 있다고 할 수 있다.

인공지능 로봇을 생각해 보자. 청소나 정원 가꾸기 같은 단순 작업에서 최근에는 의료 분야와 같은 전문적인 일까지도 인공지능 로봇이 대체할 수 있음을 보여 주고 있다. 인공지능 로봇은 인간과 매우 유사하거나 혹은 어떤 영역에서는 이미 인간보다 뛰어난 능력을 발휘하고 있지만, 실존주의적 입장에서 보면 본질이 이미 규정되었다는 점에서 인간과 구별된다. 즉, 로봇은 용도를 가지고 제작된다. 책상, 의자, 컵, 가방 등 제작되는 모든 물건은 이와 같다. 그러나 인간은 쓸모가 있어야 하거나 쓸모가 정해져 있는 물건이 아니다. 인간은 스스로 본질을 완성해 가며 스스로를 실현해 가는 존재이다.

현상학적 입장에서 보면, 게슈탈트 상담에서는 인간을 인식하고 이해함에 있어서 모든 가설, 선입견이나 편견으로부터 벗어나 지금 여기에 나타내 보이는 것을 있는 그대로 받아들이고자 한다. 인간을 진단명과 범주화로 축소하거나 어떤 존재라고 단정 짓는 대신 모순, 결함, 양극성, 창조성, 가능성 등을 모두 포함한 복잡성을 가감 없이 그대로 받아들인다. 또한, 이 모든 복잡성 속에서도 스스로를 조절하고 실현해 나가는 유기체의 기본 능력을 신뢰한다.

인간에 대한 실존주의적이고 현상학적인 관점은 게슈탈트 상담의 자기(self) 이론과 자연스럽게 연결된다. 게슈탈트 상담에서는 자기를 구조가 아니라 계속 변화하는 과정으로 본다고 하였다. 자기는 미리 결정되어 있는 것이 아니라 유기체-환경 장 및 타인과의 상호작용에 따라 다양하게 나타나며, 추상적인 개념이 아니라 매 순간 장을 어떻게 조직화할지를 선택함으로써 구체적으로 드러난다. 이것이 실존주의적 및 현상학적 관점에서 본 자기이다.

1. 전체로서의 유기체: 인간의 복잡성을 수용하다

> 게슈탈트 운동은 모든 것을 분해하려는 원자론적 구성 개념에
> 치명적인 반격을 가하면서 '전체로서의 유기체'라는 개념을 심리
> 학 용어로 도입함으로써 심리학 전반에 큰 영향을 미쳤다(Perls
> et al., 1951/1969, p. 26).

게슈탈트 상담에서는 인간을 원자론적 구성 요소들로 분해되고
환원될 수 있는 존재로 보지 않는다. 대신 인간을 전체성을 향해
움직이는 존재로 본다. 따라서 게슈탈트 상담자는 내담자를 이해
하고자 할 때, 환원주의적 관점에서 이면의 요소들을 분리해 내고
부분으로 나누어 분석하기보다는 복잡한 상호작용과 전체 모습에
관심을 갖는다. 전체는 항상 부분의 합보다 크며 각 사람은 행동,
지각, 감정, 생각, 생물학적 반응의 총합 이상이기 때문에 몸 또는
마음, 생각 또는 감정, 심리적 환경 또는 외적 환경 등 어느 한 부
분에만 초점을 맞춘다면 인간 인해에 있어 매우 제한적일 수밖에
없을 것이다. 인간에 대한 전체론적 접근은 게슈탈트 상담이 인간
의 복잡성을 받아들이게 해 주는 기반이 된다.

만일 불면증이라는 어려움을 호소하는 내담자를 만났을 때, 불
면증을 내담자 전체 존재와 분리시켜 하나의 증상으로 떼어 내고
객관화 · 수치화된 증상의 감소만을 목표로 한다면 이는 전체론
적 접근이라 보기 어렵다. 소위 '증상'은 내담자의 내적 · 외적 환

경의 다양한 힘이 유기적이고 전체적으로 상호작용한 결과물이지 단독으로 존재하는 그 무엇이 아니기 때문이다. 따라서 게슈탈트 상담자는 불면증의 원인을 밝히려는 인과론적 태도를 취한다거나 불면증 자체를 감소시키는 데 집중하기보다는, 즉 내용을 직접적으로 다루려고 하기보다는 불면증을 둘러싼 내담자의 현상학적 장인 지금 여기서 무엇이 일어나고 있고 어떻게 일어나고 있는지 그 과정을 궁금해할 것이다. 이를 통해 내담자가 잃어버린 전체성을 회복하고 전체적 존재로서의 자기 자신을 다시 경험할 수 있도록 돕고자 한다.

오늘날에도 여전히 많은 상담 접근에서 인간의 문제를 일차적으로 심리 내적인 원인으로 환원시키고 사적 경험으로만 치부하고 있는 현실을 감안할 때, 당시 게슈탈트 상담이 인간을 바라보는 관점은 매우 도전적인 것이었음을 짐작할 수 있다.

한편, 게슈탈트 상담의 인간관을 지향한다고 해도 여전히 인간을 전체적인 존재로 조망하고 전체성에 개방적으로 반응한다는 것은 쉽지 않은 일이다. 많은 상담자가 내담자를 이해 가능하고 예측 가능한 범위로 축소시켜 개념화하고, 그 틀 안에 들어와 있지 않은 특성은 예외적이라고 치부하거나 주변적인 것으로 평가 절하하는 실수를 한다. 우리는 복잡한 것을 있는 그대로 받아들이기보다는 작은 단위로 구분하고 각각에 이름을 붙여 분류하는 방식과 이분법적인 사고에 매우 익숙하다. 그러므로 전체로서의 내담자를 만나고자 하는 게슈탈트 상담자는 내담자의 어느 한 측면에만 주의를 기울이지 않고 내담자와 관련한 모든 것에 열린 자세와 호기심을 유지해야 한다. 또한, 지속적으로 내담자와의 상호 작용 전체에 깨어 있으려고 노력할 필요가 있다. 여전히 이를 실천하기가 어렵다고 느껴진다면 가장 먼저 시작할 수 있는 방법 중 하나는 내담자의 말이나 내용만이 아니라 신체 언어와 과정 모두에 관심을 갖는 것이다.

유기체란 무엇인가

유기체란 인간이 자신을 둘러싼 환경과 체계적으로 상호 의존하는 존재라는 점에서 인간의 역동적인 특성을 강조하는 개념으로, Kurt Goldstein 이후 인간을 지칭하는 데 자주 사용되어 왔다. 유기체는 부족한 것은 얻고자 하고 과한 것은 없애서 항상성을 유지하고자 하며, 이는 본능적인 자기 조절을 통해 이루어진다. 그러나 항상 변화하는 내적·외적 요인에 의해 균형 상태는 계속 유지될 수 없으므로 유기체는 살아 있는 한 끊임없이 자기 조절의 순환을 반복한다. 이러한 순환 과정은 건강한 유기체에게 자연스럽게 일어난다(Mackewn, 1997).

---

2. 유기체의 자기 조절 능력: 상황이 통제하게 하라

게슈탈트 상담에서는 유기체가 자신의 내적·외적 환경에 대한 알아차림을 가지고 스스로 자기 조절을 할 수 있는 능력을 지니고 있다고 본다. 이것은 특별한 사람에게만 있는 능력이 아니라 모든

'상황이 통제하게 한다.'는 어떤 의미인가

'어떠해야 한다'는 당위가 아니라 현재의 맥락에 대한 알아차림을 통해서 우리의 행동을 선택한다는 뜻이다. 이때 현재의 맥락에는 개인 내적인 요소, 즉 감정, 욕구뿐 아니라 외부적 환경도 포함되며 유기체 내외의 모든 환경이 관여된다.

유기체의 자연스러운 삶의 방식이다. 모든 유기체적 자기 조절이란 인간이 태어나서 죽기까지의 생로병사나 계절의 순환과 유사한 것으로, 어떤 계획과 의지, 외부의 통제하에 이루어지는 것이 아니라 자발적인 것이며 상황이 통제하게 하는 것이다.

여행 계획을 세워 본 적이 있는가? 여행을 떠나기 전 어느 곳을 둘러볼지, 어디에 머물지, 어떤 음식점을 찾아갈지 등을 미리 계획할 수 있다. 그런데 막상 여행지에 도착하고 보면 어떠한가? 생각보다 이동에 많은 시간이 소요되어 계획했던 장소를 모두 방문할 수 없게 되기도 하고, 꼭 가 보고 싶었던 음식점은 하필 문을 닫았을 수도 있다. 갑작스럽게 배탈이 나서 숙소에서 쉬어야 하는 상황이 발생할지도 모른다. 여행지에서의 상황에 따라 계획은 변동될 수도 있는데, 이는 자연스러운 삶의 한 부분이다.

유기체적 자기 조절도 이와 같다. 미리 정해져 있는 계획표대로 진행되는 것이 아니라, 그 상황에서 가장 적절한 선택을 하며 유연하게 대처해 나간다. 모든 유기체는 자신에게 가장 최선인 것을 스스로 알고 선택할 잠재력을 가지고 있으며 자발적으로 스스로 조절한다. 유기체가 스스로 조절할 때는 행동이 자연스럽고 균형을 이룬다.

유기체의 자기 조절 능력은 한번 발휘되면 완결되어 계속 균형 상태가 유지되는 고정된 것이 아니라 연속적인 과정이다. 현실적으로 우리가 사는 내적·외적 환경에는 늘 변화가 있기 때문에 균형이 유지된 상태에 오래 머물 수가 없다. 내적 환경의 변화는 욕구의 출현과 함께 일어난다. 때로는 여러 욕구가 동시적으로 나타날 수도 있는데, 그런 경우에는 우선순위에 따라 먼저 충족해야 할 욕구부터 다루게 된다. 화창한 주말에 친구를 만나기 위해 집을 나선 상황을 생각해 보자. 거리 풍경을 즐기며 버스 정류장까지 천천히 걸어가고 싶지만 그렇게 여유를 부렸다가는 약속 시간에 늦을지도 모른다. 여유를 즐기는 것보다 친구와의 약속을 지키고 싶다는 마음이 더 중요해지면서 걸음이 빨라진다. 마침 타야하는 버스가 정류장으로 들어오는 것을 보게 된다면 힘껏 뛰기 시작할 것이다. 버스에 올라타고 나면 호흡을 고르고 이내 창밖의 풍경을 즐긴다. 이렇듯 짧은 순간에도 내적·외적 환경은 계속 변화한다. 사실 영원한 균형 상태에 머문다는 것은 죽은 상태이다. 삶은 균형과 불균형을 오가며 끊임없이 변화하는 과정이기 때문이다. 따라서 유기체는 매 순간 균형을 이루려는 경향성을 발휘하며 살아간다.

Van de Riet, Korb와 Gorrell(1980)은 삶의 변화에 따른 유기체적 자기 조절 과정을 시소에 비유하였다. 시소를 타고 있는 두 아이를 떠올려 보자. 시소가 완벽한 균형 속에 공중에 떠 있다면 재미있는 놀이가 될 수 있을까? 어느 한쪽에 더 힘을 주거나 자세를 바꾸어 가면서 균형에 변화가 생기고 오르내리는 움직임이 있을 때에야 아이들은 흥미와 재미를 느낄 것이다. 이와 마찬가지로, 유기체적 자기 조절은 자연스럽게 우리의 삶을 활기차고 생생하게 만들어 준다. 인생에 늘 변화가 있고 사건 사고가 일어나는 것은 얼마나 자연스러운 일인가를 생각해 보자. 평안한 날들을 기대하면서도 동시에 무언가 다시 도전하고 새로운 것을 창조해 내고 싶은 욕구를 우리 모두 얼마나 자주 경험하는지를 상기해 보자. 균형과 혼돈은 둘 다 유기체가 성장하는 데 필요한 양극으로 공존하는 본성이다.

게슈탈트 상담의 알아차림-접촉 주기는 유기체의 자기 조절 과정을 집약적으로 보여 주는 대표적인 예이다. 알아차림-접촉 주기란 전경이 형성되고 완결되기까지의 전 과정으로써, 유기체는 감각을 통해 욕구를 알아차리고, 이 욕구를 충족시키기 위해 가용한 자원을 찾아 에너지를 동원하며, 실제 행동을 취하여 접촉을 이루고, 만족감을 느끼면 철수하여 평형을 이루는데, 이 주기는 유기체의 필요에 따라 자연스럽게 순환된다.

그런데 유기체의 자기 조절이 항상 최고의 성공적인 만족을 가져다주지는 않을 수도 있다. 예를 들어, 너무나 목이 마른데 당장 마실 물이 없거나 마음에 두고 있는 이성에게 고백을 했지만 거절을 당하는 경우처럼, 유기체가 필요로 하는 것을 환경이 제공해 주지 못하는 경우도 있다. 시소의 맞은편에 앉은 친구와 나의 몸무게 차이가 너무 많이 난다면 아무리 노력해도 리듬감 있게 올라

갔다 내려갔다 하는 자연스러운 시소 놀이를 즐기기는 어려울 것이다.

어떤 때는 원하는 것을 다른 것으로 대체하거나 타협해야 할 수도 있다. 어린 시절 할머니가 해 주셨던 고향 음식이 그립지만 이제는 돌아가신 할머니의 음식을 먹을 수 없으므로 비슷하게 따라 해 보는 것으로 만족해야 하는 경우처럼 말이다. 또한, 타인을 배려하여 자기의 필요를 억제하거나 유보해야 할 때도 있다. 지하철에서 편안히 앉아서 가고 싶지만 거동이 불편한 다른 승객에게 자리를 양보한다거나, 화가 났다고 해서 상대방에게 즉각적으로 물리적 폭력을 가하지는 않는 것이 예가 될 것이다. 이는 모든 것이 상호 연결되어 있는 장에서 나타나는 자연스러운 자기 조절의 한 측면이다. 즉, 유기체의 자기 조절이란 원래의 욕구 자체가 충족되었는지, 원하는 것을 얻어냈는지에 대한 성공 여부에 초점이 있다기보다는 주어진 장 안에서 자기를 조절하려고 최선을 다하는 것에 더 가깝다(Clarkson & Mackewn, 1993). 물론 지나친 자기 억

유기체적 자기 조절 & 당위적 자기 조절

유기체적 자기 조절이 전체 장 안에서 자연스럽게 이루어지는 반면, 당위적 조절은 인지가 주도적인 역할을 한다. 유기체적 조절은 어떤 의사결정에 의한 것이 아니라 직관을 따르는 것에 가깝다. 만일 우리가 무엇을 '해야 한다'고 느껴서 당위적으로 자기 조절을 한다면 유기체의 목소리는 무시될 수 있다. 당위적 메시지는 대개 유기체의 필요와 욕구를 가볍게 치부하게 만든다.

제와 사회적 제약은 유기체의 건강한 자기 조절로 얻을 수 있는
삶의 활기를 잃어 버리게 하므로 유의할 필요가 있다.

7장

게슈탈트 상담의 정신병리 이론:
문제에 대한 이해

우 리는 하루에도 수없이 많은 게슈탈트를 형성하고 해소하
며 자연스러운 순환 과정을 반복한다. 건강한 상태에서
는 유기체의 자기 조절 능력에 따라 게슈탈트의 형성과 해소 과정
이 자동적이고 원활하게 이루어지지만, 역으로 어떤 문제가 발생
한다는 것은 환경에 창조적으로 접촉하고 적응하는 데 필요한 유
연성을 상실했다는 것이다(Mackewn, 1997). 게슈탈트 상담에서는
변화하는 맥락과 조건에 대해 고정되고 습관화된 반응 패턴을 반
복함으로써 자유로운 게슈탈트의 형성과 소멸 과정이 방해를 받
거나 차단된 상태가 된 것, 이것을 문제라고 본다.

1. 알아차림-접촉 주기의 실패

알아차림이란 유기체-환경 간의 상호작용 속에서 나타나는 현상을 있는 그대로 따라가며 체험하는 것이다. 그리고 알아차림을 통해 형성된 게슈탈트를 완결시키려면 환경과의 상호작용인 접촉이 필요하다. 따라서 알아차림과 접촉은 분리된 것이 아니라 유기체의 순환 과정 속에 함께 포함되어 있으며 이러한 순환 과정을 알아차림-접촉 주기라고 부른다.

알아차림-접촉 주기는 여섯 단계로 나누어 볼 수 있는데(Zinker, 1977), 연속적인 순환 과정을 강조하기 위해 [그림 7-1]과 같이 파동 형태로 형상화된다. 첫 번째 단계는 배경으로부터 어떤 욕구나 감정이 감각 형태로 나타나는 것이다. 두 번째 단계는 이러한 감각을 하나의 의미 있는 욕구나 감정으로 알아차리는 것, 즉 명확한 게슈탈트를 형성하는 것이고, 전경에 떠올려진 게슈탈

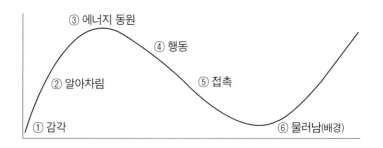

[그림 7-1] 알아차림-접촉 주기

출처: Zinker (1977).

트를 해소하기 위해 필요한 에너지를 동원하는 것이 세 번째 단계이다. 네 번째 단계는 동원된 에너지를 실제 행동으로 옮기는 것이고, 다섯 번째 단계는 접촉을 통해 게슈탈트가 마침내 해소되는 단계이다. 순환 과정의 마지막 단계는 접촉으로 인한 만족감을 느끼며 뒤로 물러나는 것이다. 뒤로 물러나 있으면서 공백 상태에 머물다가 다시 어떤 욕구나 감정이 감각 형태로 자각되면서 다시 이 순환 과정을 반복하게 된다.

Perls(1973)는 불면증을 순환 과정의 마지막 단계에서 온전히 물러나지 못하는 것을 보여 주는 예라고 하였다. 반대로 동물이 겨울잠을 자는 것은 온전히 물러나는 예라고 할 수 있다. 너무 오래 접촉하거나 너무 오래 물러나 있는 것 모두 삶의 자연스러운 흐름을 방해한다. 언제 접촉하고 언제 물러날지를 결정하지 못하는 상태가 바로 문제이다.

일상의 작은 예를 들어 보자. 한 학생이 책을 읽다가 어깨의 뻐근함을 느끼고 잠시 쉬고 싶은 마음이 든다. 학생은 자리에서 일어나 창문을 열고 신선한 공기를 크게 들이 마시면서 몇 번 기지개를 켠다. 어깨의 뻐근함이 사라지고 차츰 이완되는 것이 느껴지자 한결 상쾌해진 몸과 마음으로 다시 자리에 앉는다. 그 후 한동안 집중하여 책을 읽던 학생은 배고픔을 느끼고 다시 자리에서 일어선다. 이 학생은 자신의 내적 · 외적 상황 속에서 감각을 통해 필요한 것을 알아차리고 게슈탈트로 형성한 후 이를 해소하고 물러났다가 다시 새로운 전경이 떠오르면서 알아차림-접촉의 순환을 반복하는 과정을 보여 주고 있다. 이번에는 좀 더 정서적인 예를 들어 보겠다. 한 여성이 산책을 하다가 부드러운 바람이 뺨을 스치고 지나가는 것을 느끼며 행복감을 알아차린다. 함께 걷던 친구에게 자신의 현재 경험을 이야기하자 마음속에서 행복감이 더욱 크게 느껴지고, 얼마간 그 감정을 음미하면서 산책을 계속한다.

건강한 상태에서는 이와 같이 게슈탈트의 형성과 해소 과정이 자동적이고 자연스럽게 반복되겠지만, 각 단계의 어디에서라도 차단 현상이 나타나면 선명한 게슈탈트를 형성하여 완결 짓지 못하게 되고 결과적으로 자기 자신을 포함하여 타인 및 환경과의 접촉에 어려움이 생긴다. 무엇을 하고 싶은지 명확하게 전경에 떠오르지 않아 시간을 어떻게 사용할지 결정하는 데 어려움을 겪은 경험이 있는가? 혹은 무엇인가를 하면서 시간을 보내기는 했지만 하루를 되돌아보면서 만족스럽지 않았던 적이 있을 수도 있다. 이는 명확한 게슈탈트를 형성하지 못했기 때문에 완결 혹은 폐쇄, 즉 정서적 만족감을 경험하지 못한 상태라고 할 수 있다.

물론 어떤 때는 의도적으로 알아차림을 차단하기도 한다. 냄새 나는 음식물 쓰레기를 버리러 갈 때, 우리는 최대한 냄새를 맡지 않으려고 후각 알아차림을 억압하고 쓰레기 봉지를 몸에서 멀찌감치 떨어뜨린다. 이는 단기적으로는 효과가 있는 방법이다. 그러나 만일 알아차림을 차단하는 시간이 길어지고 일상화된다면 전체 유기체의 경험이 심각하게 제한될 수 있다.

새롭고 명료한 게슈탈트를 형성하지 못하거나 게슈탈트를 형성했어도 실제 환경과의 상호작용을 통해 접촉되지 않으면, 미해결 과제가 쌓이게 되고 생생한 삶을 위해 사용되어야 할 에너지는 불안으로 바뀌며 우울, 무료함 같은 신경증적 증상이 점차 만연해진다. 알아차림-접촉 주기의 실패로 인해 축적된 미해결 과제와 이를 해소하기 위한 시도로 반복적으로 출현하는 고정된 게슈탈트 혹은 반복회귀 게슈탈트는 내담자가 상담실을 찾게 되는 계기가 되곤 한다.

2. 알아차림-접촉 혼란 행동

건강한 상태에서는 알아차림-접촉 주기가 자연스럽게 순환하며 게슈탈트의 형성과 해소가 연속적으로 원활하게 이루어진다. 가장 중요한 욕구가 전경으로 떠오르고 이 욕구가 충족되면 다시 배경으로 물러나거나 장에 흡수된다. 이후 다시 새로운 순환이 시작되며 새로운 욕구가 형성된다. 이 모든 과정을 살펴보면 알아차림에서의 변화와 접촉의 성공 여부가 게슈탈트의 형성과 파괴를 이끈다는 것을 알 수 있다. 그러나 이런 자연스러운 과정을 방해하는 정신병리 현상이 있는데, 이를 접촉 경계 혼란이라고 하며 이로 인해 미해결 과제가 발생한다. 게슈탈트 상담에서 미해결 과제란 모든 정신병리, 심리적 문제 등과 동일한 개념이라고 생각할 수 있다.

Perls, Hefferline과 Goodman(1951)은 접촉 경계 혼란의 주요 방식으로 내사, 투사, 반전, 융합, 자의식을 제안했고, Polster와 Polster(1973)는 자의식을 제외하고 여기에 편향을 추가하였다.

이제 접촉 경계 혼란이 나타나는 여섯 가지 형태를 차례로 살펴보겠다.

1) 내사

내사(introjection)는 의미 있는 타인이나 권위적 대상의 생각과 태도를 동화 과정 없이 수용하는 것을 말한다. 이는 마치 충분한 소화 과정 없이 음식물을 통째로 삼킨 것과 비슷하다. 어떤 음식은 우리에게 자양분이 되지만 어떤 음식은 뱉어 내야 할 수도 있는데 무분별하게 통째로 삼킨 음식은 이물질로 남아 개체의 건강을 해친다. 이러한 원리는 유기체-환경 관계에도 적용된다.

내사에는 '반드시 ~ 해야 한다.' 혹은 '절대 ~ 해서는 안 된다.'라는 식의 당위적(Should) 내용이 많이 포함되어 있는데, 이는 다른 사람에 의해 주입된 태도나 믿음이다. 내사의 예로는, '다른 사람 앞에서 우는 모습을 보이면 안 된다.' '이기적인 것은 옳지 않다.' '반드시 성공해야 한다.' '다른 사람을 믿어서는 안 된다.' 등이 있다.

내사는 자신의 욕구나 기준에 의해서가 아니라 외부에서 바란다고 믿는 대로 행동하게 하므로 필연적으로 개체의 자발성을 저해한다. 자연스러운 접촉과 철수의 주기를 따르는 것이 아니라 내사로 인해 원래의 기능이 방해를 받게 되는 것이다. 내사가 심한 사람은 타인의 기대에 맞추어 사는 방식에는 익숙하지만 정작 자신이 원하는 것이 무엇인지는 잘 모르므로 뚜렷한 게슈탈트를 형성하기가 어렵다. 따라서 외부의 인정과 칭찬을 받는 '모범생'의

겉모습을 하고 있을 수는 있지만, 내면에는 미해결 과제가 쌓이게 되고 능동적이고 책임 있는 삶을 살아갈 수가 없다. 또한 내사로 인해 자신은 원치 않는 일을 해야 한다고 압박을 느낀다면 내적 갈등이 일어나게 되고, 정작 내사된 메시지가 누구의 것인지 명확히 인식하지 못한 채 불편감을 느끼기도 한다.

따라서 내사된 당위적 목소리로부터 자유로워지려면 우선 자신의 태도나 생각을 분명히 구분하는 것이 필요하다. 상담자는 내담자가 반복해서 보이는 당위적 사고나 행동을 확인하여 이를 알아차리도록 도와주고 내사된 부분과 자신의 것을 구분함으로써 스스로 새로운 선택을 하도록 돕는다. 안전한 상담 장면에서 내사된 당위의 목소리에 반하는 행동을 시도해 보도록 내담자를 초대할 수도 있다. 예를 들어, '나의 욕구를 우선시하는 것은 이기적인 것이다.'라는 메시지를 내사한 내담자는 상담 시간을 변경하게 될 때 상담자의 편의를 무조건 우선시하기보다는 좀 더 자기 주장적이 되어 보는 실험을 해 볼 수 있다.

대개 내사는 아동기 때 발달하는데, 사실 아동이 사회화되는 과정에서 내사는 매우 효과적으로 작동한다. 우리가 모든 사회적 규범과 가치를 받아들일 때마다 일일이 점검하고 동화하는 과정을 거치려고 한다면 사회화는 훨씬 많은 시간과 에너지를 요하는 과정이 될 것이다. 그러나 성장 과정에서 일시적으로 내사를 허용함으로써 보다 쉽게 사회적 규범을 익히고 사회의 일원이 될 수 있다. 물론 모든 내사는 파괴되고 동화될 필요가 있고 이후 각자 자신의 규칙과 가치관을 정립해 가는 과정이 뒤따라야 할 것이다.

상담자의 말이 내담자에게 내사되는
역설에 빠지지 않으려면

'지금 여기에 머물라.' '당위를 거부하라.' '지금을 알아차리라.' 등 게 슈탈트 상담에서 믿고 있는 가치가 또 하나의 당위가 되어 내담자에게 내사될 위험은 없을까? 게슈탈트 상담자는 어떤 것도 내담자에게 강요 하지 않는다고 하지만, 특정 태도를 선호하는 것은 사실이다. 그러나 내담자에게 내사된 당위를 제거하는 대신 그 자리에 상담자의 당위를 대체하는 일은 없어야 할 것이다. 이를 위해 상담자가 할 수 있는 것은 무엇일까?

첫째, 게슈탈트 상담에는 어떠한 당위도 없다는 것을 다시 한번 기억 하라. 내담자와 조율되지 않은 상태에서 게슈탈트 상담이 지향하는 방 향으로 부추긴다면 그것은 언제든지 당위가 될 위험이 있다. 지금 여기 에 대한 강조나 알아차림의 중요성 등은 따라야 하는 의무가 아니라 선 호하는 가치이다.

둘째, 게슈탈트 상담의 지향점과 상담자 자신이 삶에서 추구하는 방 향을 비교해 보라. 상담자 자신이 먼저 어떤 삶의 지향을 가지고 살고 있는지 스스로 점검하고 성찰해 보기를 바란다. 게슈탈트 상담은 지금 여기에 깨어 있으면서 자신의 감정, 생각, 행동에 대해 스스로 책임질 것을 강조한다. 게슈탈트 상담이 지향하는 바를 채택하여 자신의 삶에 적용했을 때 어떤 변화가 있었는가? 혹은 어떤 유의할 점이 있었는가? 충분한 동화 과정은 거쳤는가?

셋째, 나쁜 내사와 좋은 내사를 구분하라. Polster(1990)에 따르면, 성숙한 상담자의 제안은 내담자에게 좋은 내사로 작용하여 일시적으로 긍정적인 작용을 할 수 있다. 마치 아이가 처음부터 딱딱한 음식을 씹 을 수 없으므로 부드러운 이유식부터 시작하여 소화 능력을 키우듯이, 아직 지지가 필요한 내담자에게 좋은 내사는 나쁜 내사를 대신해 줄 수 있다. 물론 아무리 긍정적인 것이라 할지라도 일시적이라는 것을 기억 해야 할 것이다. 내담자는 스스로 씹고 소화할 과정을 거쳐야 한다.

2) 투사

투사(projection)는 내사의 반대이다. 내사가 다른 사람의 것까지 자신의 것으로 받아들이는 것이라면, 투사는 자신의 감정이나 욕구, 태도 및 생각 등 특정 부분을 소유하지 않고 타인에게 전가하는 것이다. 투사가 일어나는 이유는 자신의 모습을 있는 그대로 수용하지 못하고 일부를 소외시키거나 거부하기 때문이다. 예를 들어, 다른 사람을 미워하면 안 된다고 생각하는 사람은 미움이라는 감정을 느끼는 자신을 받아들이기 어렵기 때문에 이를 상대방에게 전가해 버린다. 여기서 우리는 내사와 투사가 함께 작동하고 있는 것을 볼 수 있다. 내사에 의해 미움이라는 감정을 스스로 용납하지 못하기 때문에 이를 외부로 투사함으로써 자신이 원치 않는 감정이나 태도에 대한 책임을 타인이 지도록 하고 자기 책임에서 벗어나는 것이다. 따라서 투사하는 사람은 상대방을 비난하기 쉽고 타인을 있는 그대로 만나고 접촉하기가 어렵다. 이는 종종 대인관계의 어려움과 갈등을 초래한다.

상담자는 내담자가 특정 태도나 행동에 대해 지나치게 부정적인 반응을 보일 때 투사가 개입되어 있지 않은지 살펴볼 필요가 있다. 타인을 엄격한 도덕적 잣대로 평가하고 그 기준에 미치지 못할 때 심한 비난을 하는 경우, 특정 집단에 대한 노골적인 경멸을 나타내는 경우, 그리고 따돌림이나 약자에 대한 폭력도 투사가 개입된 것일 수 있다. 자신 안의 악함, 부도덕, 약함이나 매력적이지 못하다고 지각하는 부분과 접촉하고 이를 직면하는 것보다 이러한 특성을 타인의 것으로 규정하고 탓하는 것이 더 수월하기 때문이다.

예를 들어 보자. A는 최근 직장 동료 한 명에게 매우 불편한 감정을 느끼고 있는데, 자기가 하고 싶은 이야기를 거리낌이 없이 하는 모습이 '너무 나대고' '다른 사람을 배려하지 않고 자기 하고 싶은 대로 하는 것'으로 생각된다고 하였다. 사실 A는 어려서부터 가부장적인 가정 분위기 속에서 순응적이고 수동적인 태도를 강요받았고 자기의 욕구나 감정을 솔직하게 표현하는 것은 버릇없는 행동으로 치부되어 꾸지람을 듣고는 했다. 그런데 자유분방하고 당당한 직장 동료의 행동으로 인해 그동안 애써 억압해 온 자신의 욕구가 자극되고 이를 통제하기 어렵다고 느껴지자 강한 부정적 반응을 보이며 스스로의 욕구를 직장 동료에게 투사한 것이다. A는 "직장 동료가 나를 힘들게 해요."라고 말하고 있지만, 사실 A를 힘들게 하는 주인공은 내면의 욕구를 억압하고 있는 자기 자신이다. 투사하는 사람은 내면의 갈등을 외부로 전가하여 바깥에 적을 만들고 이 세상을 살기 힘든 곳으로, 타인을 성가신 적으로 만든다.

한편, 스스로에게 허용하지 않는 부정적인 측면만 타인에게 투사되는 것은 아니다. 지혜로움이나 너그러움과 같은 긍정적 특징도 투사될 수 있다. 예컨대, 누군가에게 매우 매력적이고 존경할 만한 점을 발견한다면 그것은 자기 안에도 그러한 특성이 있기 때문에 가능한 것이다. 한 내담자는 친한 친구 중 한 명을 매우 부러워하면서 "나와는 성격이 정반대예요. 그 친구는 친화력이 좋아서 어딜 가나 잘 어울려요."라고 말하였다. 그런데 상담이 진행됨에 따라 내담자에게도 친근하게 사람들에게 다가가는 모습이 있다는 것이 종종 발견되었다. 심지어 "사실은 귀엽고 애교가 많다는 얘기를 많이 들어요."라고 하면서도 상담자의 피드백이나 주변 사람들의 칭찬을 받아들이지 못했다. 자신의 장점을 친구에게 투사하고 칭찬을 자기 것으로 소화하지 못하면서 이미 있는 것을 갈망하는 것이다.

더 나아가 상대방의 실제 모습과 상관없이 내 마음대로 투사하여 이상화하고 긍정적으로 평가하기도 한다. 이런 경우, "당신이 이런 사람인 줄 몰랐어."라는 원망과 실망으로 그 관계가 끝나 버릴 가능성이 높다. 우리가 자기 안의 다양한 단면 및 양극성과 고루 접촉하고 외부로 투사한 것을 다시 재소유하여 통합할 때, 자신 및 타인을 있는 그대로 바라보고 보다 능동적이고 실존적인 삶을 살아갈 수 있을 것이다.

만일 투사가 의심된다면 내담자가 투사한 내용을 자기 것으로 재소유할 수 있도록 돕는 과정이 필요하다. 기본적인 원리는 투사한 욕구, 감정, 태도 및 생각을 자기 것으로 접촉할 수 있게 하는 것이며 그 방법은 다양하다. 먼저 자신의 지각과 반대로 행동하게 할 수 있다. 예를 들면, 직장 동료가 너무 나대고 제멋대로 행동하여 불편하다고 한 내담자의 경우, 스스로 '나대고' '제멋대로' 행동해 보는 실험을 통해 자신 안의 억압되었던 욕구와 접촉하게 될 수 있다. Perls(1969b)는 내담자가 투사한 것을 과장해 보도록 하는 방법을 제안하였고, Joyce와 Sills(2003)는 상담자가 자신을 비난한다고 지각하는 내담자의 투사를 어떻게 다루는지에 대한 예시를 보여 주었다. 이들은 먼저 내담자에게 비난하는 사람과 함께 있는 것이 어떤 느낌인지를 질문하여 그 의미를 탐색하고, 상담실 안의 상담자 물건 중 내담자 마음에 들지 않는 것들을 고르게 함으로써 상담자에게 직접 마음에 들지 않는 부분을 말할 수 있도록 점진적으로 작업하였다. 물론 상담자가 실제로는 내담자를 비난하고 있지 않다고 확신했기 때문에 시도해 볼 수 있는 작업이었다.

내담자의 투사에 접근할 때 중요한 것은 우선 내담자 관점에서 현상학적 장을 이해하려 노력해야 한다는 것이다. 내담자가 자기의 특정 부분을 외부로 밀어내어 투사했다는 것은 그만큼 내담자가 소유하기 어렵고 고통스러웠다는 반증이므로, 무리한 작업은 내담자에게 심한 방어나 수치심을 일으킬 수 있다.

한편, 투사는 타인을 이해하게 해 주는 기반이기도 하다. 우리는 자신의 경험에 빗대어 상대방의 상황을 추측하고 자신을 투사하여 상대방의 감정을 헤아리고 공감한다. 이때 작동하는 것은 신경증적 투사와 구분되는 건강하고 창조적인 투사이다. 이 둘의 중요한 차이는, 건강한 투사의 경우 상대방이 나와 같지 않을 수도 있다는 여지를 남겨 둔다는 것이다. 예를 들어, 자신의 경험과 가설로는 실연을 당한 친구가 무척 외롭고 우울할 것 같다고 여겨지더라도, 상대방의 주관적 장은 다를 수 있음을 인정하고 그 반응에 따라 내 가설을 수정할 수 있는 것이 건강한 투사이다.

3) 반전

반전(retroflection)은 에너지가 곧게 표출되지 못하고 반대의 방향으로 돌아서는 것을 말한다. 반전하는 사람은 타인을 향해 하고자 했던 것을 자신에게 하거나 타인이 자신에게 해 주었으면 하는 것을 스스로 한다. 예를 들어, 상대방에게 화를 내고 싶은데 그 화를 자신에게로 돌려 자기 비난을 하거나, 상대방에게 의존하거나 지지받기를 포기하고 독립적이 되어 스스로를 돌보기도 한다.

Perls, Hefferline과 Goodman(1951)은 반전이 일어나는 이유를 자신의 욕구나 감정을 표출하면 처벌을 받거나 처벌의 위협을 받았던 아동기 경험 때문이라고 보았다. 비우호적이었던 환경적 태도를 내사함으로써 스스로 욕구를 억압하는 현상이 지속되고 있는 것이다. 우리는 투사에서와 마찬가지로 반전에도 내사가 함께 작동하고 있음을 확인하게 된다. 그만큼 내사는 다른 모든 접촉경계 혼란의 기본이 되므로 반드시 함께 탐색해야 할 부분임을 알 수 있다.

내담자가 반전을 하는 이유는 욕구를 그대로 표출하기에는 환경적 지지가 부족했기 때문이므로 상담 장면에서는 상담자의 충분한 지지가 제공되는 것이 선행되어야 한다. 이후 점진적으로 내담자가 에너지를 밖으로 표출하는 반전 작업을 시도해 볼 수 있을 것이다. 예를 들어, 학교 폭력 피해를 입었음에도 불구하고 자신을 괴롭힌 가해 학생에 대한 분노를 표출하지 못하고 자신이 너무 약해서 폭력을 당한 거라며 자책하고 수치스러워하는 청소년이 있다면, 상담자는 빈 의자를 활용해서 내부로 향하고 있는 분노 감정이 원래의 대상으로 향하도록 도와줄 수 있다. 이때 내담자가 억눌렀던 분노 감정이 오래되고 강할수록 반전 작업에서 에너지가 한꺼번에 폭발적으로 방출될 수 있는 만큼 내담자 자신도 스스로의 행동에 놀라거나 압도될 수 있다. 따라서 이런 작업이 효과적이려면 내담자가 긴장을 풀고 자신의 에너지의 흐름을 허용할 수 있을 정도로 상담 환경이 충분히 지지적이어야 한다.

반전을 하는 사람은 자신의 감정과 욕구를 환경과의 접촉과 상호작용 속에서 직접 표출하지 못하고 에너지를 억제하며 자기 내부로 철회시킨다. 이렇게 에너지의 흐름에 방해가 일어나면 흔히 신체적 긴장을 경험한다. 내적인 에너지가 표출되지 못하도록 신체적 긴장이 막고 있는 것이다. 즉, 내담자의 한편은 밖을 향하여 나가려고 하고 다른 한편은 이를 억압하는 과정에서 내담자의 에너지가 변형된 형태로 나타나는 것이 신체적 긴장이다. 따라서 반전을 하는 내담자의 신체 과정에 주목하는 것이 도움이 된다. 호흡을 멈추는 현상은 반전이 일어날 때 흔히 나타나므로 내담자의 호흡이 자연스러운지를 관찰하고, 만일 그렇지 않다면 그 순간 무엇이 호흡을 방해하고 있는지를 알아차리게 하는 것도 좋은 방법이다. 또는 신체의 감각에 집중해 보도록 하고 긴장이 몸의 어느 부위에서 느껴지는지 알아차리도록 촉진할 수도 있다. 신체의 긴장이나 통증이 느껴지면 피하지 말고 뚜렷한 전경이 될 때까지 머물러 보도록 하면서 그 경험을 완결시킬 수도 있고, 신체 긴장이나 통증에 이름을 붙여 보거나, 모양이나 색깔, 크기가 어떤지를 형상화하도록 요청하거나, 통증이 말을 할 수 있다면 무슨 말을 할 것 같은지 질문하는 등 다양한 실험을 시도해 볼 수도 있다.

4) 융합

융합(confluence)은 두 사람 또는 장의 두 부분이 서로 구별되지 않은 채 함께 있는 것이다(Clarkson & Mckewn, 1993). 융합된 사람은 자신을 독립된 존재인 '나'로 인식하기보다는 '우리'로 있어야 한다고 여기므로 상호 경계를 인정하지 않고 하나가 되려는 경향을 보인다. 역설적이게도 '우리'가 되고자 할수록 타인과의 진정한 접촉은 불가능해진다. 접촉은 나와 나 아닌 것 사이, 즉 접촉 경계에서 이루어지는데, 융합 상태에서는 나와 타인의 독립성이 보장되지 않고 경계를 허용하지 않으니 접촉이 불가능함은 당연한 결과이다. 생생한 접촉이 완결된 후에는 자연스러운 융합이 뒤따르지만, 접촉을 피하기 위해 융합이 사용될 때는 좋은 접촉을 할 수 없다.

융합은 부모-자녀, 부부, 연인 등 가까운 관계에서 일어나곤 한다. 이들은 겉으로는 친밀해 보일지 모르나 융합을 깨지 않기로 암묵적인 동의를 한 상태로, 분리가 일어나려고 하면 불안을 느끼고 융합 관계를 깨려는 시도를 하는 경우에는 죄책감을 경험하게 된다. 이는 애착이나 분리에 대한 어려움과 관련된다. 융합되어 있는 부모는 자녀가 자신과 다른 의견을 가질 때 "나한테 어떻게 이럴 수가 있니!" 또는 "내가 이렇게 말하는데도 네 뜻을 꺾지 않는다면 차라리 부모 자식 간의 연을 끊자!" 등의 격한 거부 반응을 보일 수 있다. '우리'로 하나가 되거나 관계를 단절하거나 둘 중 하나의 선택만을 강요받는 융합 관계에 묶인 사람은 '우리'를 유지하기 위해서 자신의 욕구보다는 상대방에게 맞추려고 하고 거절을 힘들어한다. 또한 상대방이 요구하지 않아도 스스로 의무감을 느끼고 압박을 느끼는 경우가 많다.

때로 융합은 긍정적인 기능을 하기도 한다. 예를 들어, 한 팀이 되어 스포츠 경기를 응원할 때, 합창이나 합주 같은 공동 작업을 할 때, 누군가와 사랑에 빠졌을 때, 나와 환경의 경계가 사라지고 마치 '하나'가 된 듯한 느낌과 소속감을 경험하게 된다. 평소에는 뚜렷한 경계를 가진 독립된 개체로 존재하다가 일시적으로 형성되는 일체감은 매우 황홀하고 충만한 경험이다.

반면, 건강하지 않은 융합이 일어나고 있다면 그것을 다루는 방법은 바로 접촉이다. 접촉은 서로 다른 개별적 존재 사이에서만 일어나므로 그 자체가 융합의 해독제가 된다. 접촉이 일어나려면 먼저 상담 장면에서 상담자와 내담자가 분리된 개별적 존재라는 것을 부각시킬 필요가 있다. 흔히 융합 관계에서는 서로 직접적이고 구체적인 요구를 하지 않으면서도 상대방이 무엇을 원하고 느끼는지를 '그냥 안다'고 경험한다. 따라서 상담자와는 다른 자신만의 고유한 느낌, 생각, 욕구를 구별하고 표현할 수 있는 기회를 제공하는 것이 도움이 될 수 있다. 예를 들어, 상담자가 내담자의 의견에 동의하지 않을 때 이를 직접적으로 표현하여 상담자와 내담자가 분리된 존재임을 상기시키고 이에 대한 내담자의 반응을 말해 보도록 하거나, 내담자 자신의 느낌이나 욕구, 생각을 표현할 기회를 자주 제공함으로써 독립된 개체임을 느끼도록 할 수 있다. 또는 상담자의 의견에 무조건 동조하지 않도록 내담자에게 여러 선택권을 주고 스스로 선택할 수 있는 기회를 줄 수도 있다. 그 밖에도 '나'로 시작하는 문장을 말해 보게 함으로써 주체가 자신임을 느낄 수 있도록 도울 수도 있다. 무엇보다 상담자와의 관계에서 서로 다른 의견을 가지는 것이 상대를 배신하거나 관계를 악화시키는 것이 아니고 각각 독립된 존재로서도 관계를 유지할 수 있다는 것을 직접 경험하는 것은 매우 강력한 효과가 있다.

반전에서와 마찬가지로 융합 작업을 할 때 반드시 기억해야 할 것은 융합되어 있지 않으면서 독립된 개체로서 서로를 만나고 접촉하는 경험을 하려면 우선 안전한 환경 속에서 지지가 필요하다는 것이다. 사실 지지는 게슈탈트 상담의 전 작업에서 매우 중요하며, 이는 상담자와 내담자 간의 대화적 관계가 강조되는 이유이다. 어린아이가 아빠에게 수영을 배우는 장면을 생각해 보자. 아빠가 아무리 수영을 잘한다 해도 아빠와 아이는 개별적인 물리적 몸을 가지고 있고 아이는 스스로 물 위에 뜨고 수영하는 법을 익혀야 한다. 그러나 아빠가 가까이에 있다가 언제든지 잡아 줄 것이라는 믿음이 없다면 아이는 수영 배우기를 시작할 수 없을 것이다. 아이는 그 믿음을 전제로 아빠 가까이에서 연습을 하다가 차츰 아빠가 멀리 있어도, 심지어 아빠가 없어도 자유롭게 물 위에 떠 있는 자신을 발견하게 될 것이다. 융합 관계에 있는 사람은 물에 빠질까 봐 두려워 아빠를 절대 놓지 않는 아이와 같다. 해변에만 머물러 있지 않고 자유롭게 바다로 뛰어들려면 그렇게 해도 익사하지 않는다는 확신이 있어야 하는데, 삶의 배경 속에 그런 확신을 줄 만한 경험이 없다면 상담자는 안전하고 지지적인 관계를 통해 내담자에게 새로운 배경을 제공할 필요가 있다.

지금까지 살펴본 내사, 투사, 융합, 반전의 네 가지 접촉 경계 혼란을 비교하여 이해하는 데 있어 Perls(1974)의 설명이 도움이 될 것이다. 그의 말을 빌리면, 내사하는 사람은 타인이 바라는 대로 행동하고, 투사하는 사람은 타인이 자신에게 하고 있다고 생각하는 행동을 타인에게 한다. 융합하는 사람은 누가 누구에게 무슨 행동을 하고 있는지 모르며, 반전하는 사람은 타인에게 하고 싶은 행동을 스스로에게 한다. 상담자는 내담자가 자기와 자기가 아닌 것을 구분하고 분열되어 있는 자기를 재통합하도록 도와야 할 것이다.

5) 자의식

자의식(egotism)은 타인을 지나치게 의식하고 자신을 대상화하여 관찰하는 것이다. 이들은 자신의 감정이나 욕구, 생각, 행동을 자연스럽게 표현하지 못하고 경직되어 있다. 또한, 관찰자의 시선으로 자신의 일거수일투족을 바라보고 평가하므로 부자연스럽고 항상 긴장 상태에 놓인다. 사회불안이 있는 사람의 경우가 이에 해당될 수 있는데, 이들의 특징은 다른 사람에게 부정적인 평가를 받는 것에 대한 불안이 매우 높고 수행해야 할 과업에 집중하기보다는 자신의 특정 행동이나 신체 증상에 지나치게 신경을 쓴다는 것이다.

Goodman(1951)은 자의식을 접촉의 전 단계 중 마지막 최종 접촉을 하지 못하는 것으로 보았는데, 욕구나 감정을 전경으로 떠올리는 단계까지는 이루어지나 막상 에너지를 동원하여 실행하려는 순간 욕구나 감정을 억압하게 됨으로써 접촉에 이르지 못하게 된다. 이때 억압은 관찰자의 시선으로 자신의 행동이 어떤 평가를 받을지를 미리 검열하기 때문에 일어나는 것으로, 이미 전경으로 떠올랐던 욕구나 감정은 억압으로 인해 충분히 표현되지도 완전히 사라지지도 않은 채 남게 된다. 이들은 이러한 검열 과정을 통해 실수나 당황스러운 상황의 발생을 어느 정도 미리 대비할 수 있고 표면적으로는 별 문제가 없어 보일 수도 있다. 그러나 새로운 시도와 모험을 통한 생생한 흥분과 성장은 기대하기 어렵다. 자의식과 자발성은 양극의 다른 편이라고 볼 수 있다.

자의식이 심한 내담자와 작업할 때는 자신의 감정이나 욕구가 무엇인지를 알아차리고 이를 외부로 표출할 수 있도록 하는 것이 필요하다. 이때 말뿐 아니라 다양한 방법으로 자기 표현을 시도해 볼 수 있다. 또 다른 방법은 자기 관찰로부터 한 걸음 물러나서 지금 여기의 즉각적인 환경을 알아차려 보도록 하는 것이다. 내담자는 과도하게 자기 내면에 집중해 있으므로 에너지를 실제 환경에 투여하여 보다 생생한 접촉을 해 보도록 하는 것이 도움이 된다. 또한 내담자가 채택한 타인의 평가 기준이 사실은 자신의 생각과 판단을 투사한 것인지 확인할 필요가 있다. 이때, 만일 스스로에 대해 가지고 있는 엄격한 기준이 내사된 것이라면 내사 작업을 병행하는 것도 도움이 될 것이다. 이들은 설령 무언가를 성취해도 자신에 대한 집착과 평가 때문에 충분히 만족하고 향유하지 못하므로 좁은 자기의 틀에서 벗어날 수 있도록 돕는 마음챙김 명상 등도 효과적일 수 있다.

6) 편향

편향(deflection)은 환경과의 접촉을 최소화하거나 회피하고자 할 때 일어나는 현상이다. 편향은 완전한 접촉이 이루어지지 못하도록 방향을 틀게 만드는 특징이 있으며 다양한 형태로 표출될 수 있는데, 장황하게 말을 늘어놓기, 추상적으로 말하기, 시선 피하기, 지나치게 정중한 태도 취하기, 주제 바꾸기, 빨리 말하기 등이 그 예이다(Poster & Polster, 1974). 편향은 감각이나 감정을 둔감화시킴으로써 부정적인 감정과 접촉하지 않게 해 주지만, 긍정적인 감정까지도 함께 차단되므로 삶이 무미건조해지고 활력을 잃어버리게 된다.

상담자가 개입을 하려면 일단 편향을 하고 있는 내담자를 멈추게 할 필요가 있다. 편향은 매우 적극적인 과정인 동시에 편향을 하는 사람 스스로는 자신이 무엇을 하고 있는지 잘 모르기 때문이다. 예를 들어, 상담자는 "막 눈물이 고이다가 갑자기 웃어 버렸는데, 슬픈 감정을 느끼는 것이 힘든가요?" 혹은 "전 남자친구가 이별 통보를 했을 때 얼마나 배신감을 느꼈는지 이야기하고 있었는데, 갑자기 현재 남자친구가 얼마나 잘 대해 주는지에 대해 말하기 시작했다는 걸 알고 있나요?"와 같은 반응을 할 수 있다. 간단하게 "잠깐 멈춰 볼래요."라고만 할 수도 있다. 이런 언급의 목적은 내담자가 자신의 편향 과정을 알아차리도록 돕는 것이지 거칠게 직면시키거나 접촉을 강요하려는 것이 아니다. 즉, 내담자는 상담자의 질문에 대해 답하지 않을 권리가 있다. 중요한 것은 내담자가 스스로 말하지 않으려 하는 것, 또는 느끼지 않으려고 하는 것이 있다는 것을 알아차리게 되는 것이다. 내담자가 좀 더 나아갈 의향이 있다면, 장황한 설명을 멈추고 자신이 원하는 것이 무엇인지를 간결한 문장으로 말해 보거나, 울음을 참지 않고 허용해 보거나, 특정 문장을 반복해서 천천히 말해 보거나, 혹은 웃지 않고 말해 보는 등 창의적인 여러 가지 실험을 하면서 편향 작업을 할 수 있다. 모든 편향 작업은 내담자가 자신의 경험을 회피하지 않고 충분히 머무르며 접촉하도록 돕는 것이다.

다른 접촉 경계 혼란과 마찬가지로 편향도 부정적인 측면만 있는 것은 아니다. 직장에서 회의 시간에 발표를 하는 도중 상사가 보인 태도에 화가 났다고 해서, 그 화를 온전히 접촉하며 표현하는 것이 반드시 바람직한 것은 아니다. 어떤 경우에는 일단 회의에 집중하면서 상사에 대한 분노 감정과의 접촉을 최소화하는 것이 더 지혜로운 방법일 수도 있는 것이다.

지금까지 여섯 가지 접촉 경계 혼란 행동을 살펴보았다. 내사, 투사, 반전, 융합, 자의식, 편향은 서로 관련되어 있으며, 어느 한 가지만 나타나는 것이 아니라 몇 가지가 동시에 나타나기도 한다.

또한 접촉을 방해할 수도 있지만 어떤 상황에서는 접촉을 지지하기도 한다. 예를 들어, 시험 준비에 집중할 필요가 있다면 친구와 만나 외출하는 싶은 욕구는 편향시키는 것이 효과적일 것이다. 내사든 투사든 융합이든 어떤 형태의 접촉 방식을 취하고 있는지 그 자체가 접촉 경계 혼란의 절대적인 기준이 아니라, 내담자가 어떻게 자신의 접촉 방식을 사용하며 조절하고 있는지, 그러한 접촉 방식이 어떤 식으로 내담자의 접촉을 지지하거나 방해하는지를 아는 것이 중요하다. 그리고 내담자가 이에 대한 알아차림이 있느냐 없느냐가 중요하다. 내담자의 접촉 방식에 대한 알아차림을 증진시키기 위한 좋은 방법은 지금 여기에서 내담자와의 상호작용에 초점을 맞추는 것이다(Mackewn, 1997). 내담자는 상담자와의 관계에서 자신이 평소 세상과 접촉하는 방식을 재현할 가능성이 매우 높기 때문이다.

8장
게슈탈트 상담의 변화 이론

변화는 자기 자신이 아닌 다른 무언가가 되려고 할 때가 아니
라, 자기 자신이 되려고 할 때 일어난다(Beisser, 1970).

1. 변화의 역설 이론:
'되어야만' 하는 자기에서 '있는 그대로의' 자기로

많은 사람이 성장과 변화를 원하면서도 어떻게 스스로 그
것을 가로막고 있는지는 잘 알지 못한다. 도달해야 할 목
표를 향하여 많은 노력을 하고 어떠해야 한다는 기대와 상상 속의
자신의 모습과 현재 모습을 비교하면서 있는 그대로의 자기에 대
해서는 더 불만족하게 된다. 더 나은 모습이라고 설정한 내용은
대개 내사된 것일 가능성이 높은데, 이는 상전의 목소리가 되어

개인을 채찍질하고 실제의 자기를 무시하게 만든다. 이렇게 되면 이상적인 모습이 아닌 실제 자기 자신으로 존재한다는 것은 끔찍하고 두려운 경험이 된다.

게슈탈트 상담에서는 개체는 자기 자신이 아닌 것이 되려는 노력으로는 변할 수 없다고 본다. 자기 변화는 자기 부인이 아니라 자기 수용에 기반을 두기 때문이다. 변화에 대한 게슈탈트 상담의 이런 관점은 매우 역설적이다. 대개 우리는 통제력과 결단력을 발휘해 외부에서 제시하는 바람직한 모습이 되기 위해 노력해야 한다고 배워 왔기 때문이다. 그러나 자기 자신이 아닌 것이 되려고 할 때 개체는 자신의 일부를 부인하면서 소유하지 않으려 하고 있는 셈이고, 소외된 부분들의 힘은 생각보다 강력하다. 자기 자신이 아닌 그 무엇이 되려고 애쓰고 압력을 가할수록 이에 저항하는 힘도 함께 강해져서 내부의 갈등과 분열이 일어나고 교착 상태에 빠질 수 있다.

상담자가 흔히 하는 실수는 내담자 내면의 한 측면을 대신 맡아서 대변인이 되는 것이다. 그렇게 되면 내담자는 반대편의 입장에서 반론을 펴게 되고 상담은 제자리를 맴돌게 된다. 혹은 상담자와 내담자가 함께 공모하여 변화해야 한다는 당위적 목소리에 힘을 실어 줌으로써 변화를 압박할 수도 있다. 그러나 내담자의 어느 한편하고만 손을 잡는 것은 내담자 전체 존재와 작업하고자 하는 게슈탈트 상담의 기본 방향에서 벗어나는 것이다. 또한 내담자의 진정한 모습을 희생시키는 대가를 치르게 할 뿐 아니라 여전히 내담자의 어떤 부분은 소외되어 통합되지 않은 상태가 되기 때문에 형태를 달리한 또 다른 문젯거리가 생기거나 삶의 생기가 부족하다고 느끼는 등 은밀한 방식으로 내담자의 삶에 영향을 끼치게 된다(Mackewn, 1997). 자기 자신이 아닌 것이 되려고 하는 것은 자기를 수용하는 것과는 반대의 방향이고 그 결과 역설적이게도 우리는 오히려 같은 상태에 머물게 된다.

그렇다면 어떻게 자기 자신을 거부하지 않고 수용할 수 있을까? 자기 수용을 위해서는 무엇보다도 충분한 지지가 필요하다. 누구에게나 자신의 받아들이기 싫은 부분, 직면하고 싶지 않은 부분들이 있을 것이다. 자신을 수용한다는 것은 자기에 대해 발견한 것들을 피하거나 없애거나 버리려고 하지 않고 받아들여 통합한다는 것인데, 이는 두렵고 힘든 일일 수 있다. 특히 자신의 특정 부분을 부정적으로 평가할수록 자신의 일부로 인정하기가 어렵고, 두려움은 수용으로 나아가는 것을 방해하고 망설이게 한다. 그렇기 때문에 수용과 통합의 과정에는 충분한 자기 지지가 반드시 필요하다. 적어도 자신의 외면하고 싶은 부분들과 접촉하는 것에 대한 두려움이 지지보다 커서는 안 될 것이다. 그러나 많은 내담자는 자기 지지가 부족한 상태에서 상담자를 찾아온다.

이때 게슈탈트 상담자의 역할은 내담자를 현재의 모습이 아닌 다른 그 무엇으로 변화시키기 위해 조정하거나 통제하기보다는 지지를 제공하는 것이다. 내담자의 변화를 압박하거나 변화가 필요하다는 내담자의 한쪽 측면(대개는 상전의 목소리)에 동조하는 대신 내담자의 갈등과 모순, 괴로움, 번뇌 등 순간순간의 경험을 수용하는 것이 내담자의 자기 인정 및 자기 수용을 위해 필요한

변화의 역설 이론에 기반을 둔 상담의 실제

남편과의 결혼생활을 지속해야 하는지에 대해 고민을 하고 있는 내담자가 있다. 내담자는 결혼생활을 유지할 때의 장점과 단점에 대한 목록도 작성해 보았지만 여전히 결정을 내리지 못하는 상태이다. 변화의 역설 이론을 따르는 상담자로서 당신은 어떤 반응을 할 수 있을까?

Yontef와 Schulz(2016)는 변화의 역설 이론에 기반을 둔 상담이 어떤 것인지에 대한 예를 제시해 주고 있다. 우선 상담자는 내담자가 어느 한쪽으로 빨리 결정을 내리도록 하는 것이 아니라 현재 내담자의 상태를 있는 그대로 알아차릴 수 있도록 돕고자 했다. 남편과의 관계에 대해 이야기할 때 어떤 감정이 느껴지는지, 신체 감각은 어떤지를 알아차려 보도록 격려하며 탐색을 이어가자 내담자는 결혼생활을 끝냄으로써 관계를 상실하는 것에 대한 슬픔을 알아차렸고, 몸이 긴장되었다. 이런 경험 중 어느 하나를 좀 더 알아차리도록 하면 내담자가 자신의 상황에 대해 더 명확한 인식을 갖게 되고 결과적으로 전체 자기와 더 조화를 이루는 결정을 내릴 가능성이 높아진다.

내담자는 변화를 위해 싸우는 대신 있는 그대로의 자신을 알아차리고 충분히 경험하도록 초대받는다. 내담자는 계속적인 알아차림과 접촉을 통해 유기체의 자기 조절 능력을 발휘하게 되고 이때 변화는 자연스럽게 뒤따른다.

기본적 지지가 된다.

겉으로만 그럴듯한 지지를 꾸며 내는 것이 아니려면 내담자가 유기체의 자기 조절 능력을 회복함으로써 자신에게 가장 필요한 것을 스스로 찾고 선택해 갈 수 있다는 믿음이 있어야 한다. 그리고 이 믿음은 상담자 자신에게도 적용되는 것이어야 한다. 기법이나 해결 중심적 방식으로 내담자를 변화시키고자 하는 유혹, 가시적인 성과로 전문가로서의 유능성을 보여 주고 싶은 충동이 얼마나 강력한지를 떠올려 보면 변화의 역설 이론을 상담 실제에 적용한다는 것이 그저 이 이론을 지적으로 이해한다고 해서 가능한 것이 아님을 금세 수긍할 것이다. 유기체의 자기 조절 능력에 대한 믿음이 전제될 때 상담자는 자기 자신과 내담자 모두를 충분히 지지할 수 있으며, 이러한 지지는 내담자가 자기 자신을 있는 그대로 바라보는 모험을 하고 변하려 하는 대신 자기 자신이고자 하는 용기를 내도록 돕는다.

> 남들이 인정하는 꽃을 피워 보겠다고
> 나도 모르게 홀대하고 밀쳐 두었던 나만의 꽃들
> 정작 나 자신이 그토록 원했으면서도
> 세상이 바라는 것들을 먼저 피워 보겠노라
> 아직 한 번도 피우지 못한 내 안의 꽃들
>
> — 박노해, 〈피지 못한 꽃들〉 중에서

2. 대화적 관계: 만남을 통한 치유

변화의 역설 이론은 변화는 자기 수용을 통해 시작되며 개체가 있는 그대로의 자기 자신이기 위해 필요한 것은 지지임을 말해 준다. 그리고 상담 장면에서 상담자와 내담자의 관계는 가장 강력한 지지의 기반이다. 변화의 역설 이론은 특정 기법과 관련된 방법론이 아니라 태도의 문제이며 자연스럽게 게슈탈트 상담에서의 상담자와 내담자 간 독특한 관계 특성과 연결된다.

앞서 살펴보았던 것처럼 게슈탈트 상담에서는 상담자와 내담자의 관계를 특별히 대화적 관계라고 부르는데, 이는 단지 상담을 촉진하는 보조적인 역할 정도가 아니라 무엇보다도 중심에 있으며 그 자체가 치유적인 게슈탈트 상담의 핵심이다. 대화적 관계는 접촉의 최고 형태로서 게슈탈트 상담자는 내담자를 '만나고' 접촉하며, 상담자와 내담자는 대화적 관계를 통해 서로를 확인하고 있는 그대로의 모습으로 받아들여진다. 게슈탈트 상담에서는 자기 자신이 되기 위해서는 타인이 필요하며 오직 타인과의 접촉을 통해서 유일한 자기 자신이 될 수 있다고 본다. 홀로 진공 상태에서 스스로를 탐구한다고 해서 자기 자신이 될 수는 없으며, 나-너 만남을 통해 자기 자신이 되어 가는 것이다. 따라서 게슈탈트 상담의 변화 이론에는 변화의 역설 이론과 대화적 관계라는 두 축이 함께 중심에 있다고 볼 수 있다.

9장
게슈탈트 상담의 목표

게슈탈트 상담은 인격에서 분리된 부분을 통합하여 자기를 다
시 만들어 가는 과정이다(Perls, 1973).

게슈탈트 상담은 내담자를 소위 바람직한 방향으로 변화시키
는 것을 목표로 하지 않는다. 심지어 변화를 위한 자기 통제나 의
도적인 노력은 오히려 실제 자기와 '되어야 하는' 자기 사이의 내
적 갈등 상태를 야기한다고 본다. 변화는 충분한 지지적 접촉, 수
용, 알아차림이 있으면 자연스럽게 뒤따르는 결과이지 변화 자체
는 일차적 목표가 아니다. 그럼에도 불구하고 게슈탈트 상담이 성
공 적으로 이루어지면 내담자는 더 생기 있고 역동적인 삶을 살
게 되며 자연스럽게 여러 변화를 경험하게 된다. 이때 변화는 다
방향적 · 맥락적 · 역설적이다.

1. 전체성의 회복과 통합

전체는 부분의 합보다 크지만 부분 없이는 전체도 있을 수 없다. 게슈탈트 상담의 목표는 내담자의 특정 부분을 문제가 되거나 불필요하다고 여겨 제거하는 것이 아니라 모든 분리된 부분을 통합하도록 돕는 것이다. 그래서 내담자가 전체성을 회복하고 하나의 통합된 존재로 기능할 수 있도록 돕고자 한다. Perls(1973)에 따르면 통합은 인간의 타고난 본성이며 이 본성을 회복하는 것이 바로 건강한 상태이다. 내담자가 외면하고 접촉하지 않았던 부분, 파편화되어 있는 부분, 반대되는 힘들을 통합하면 하나의 게슈탈트가 완결되는 것이고, 이는 내담자를 다음 과정으로 나아가도록 하여 새로운 게슈탈트를 다룰 수 있게 해 준다.

다른 사람에게 적극적으로 다가가서 관심을 표현하고 싶지만 실제로는 그렇게 하지 못하는 내담자가 있다면, 이 내담자에게 우선 필요한 것은 한편으로는 다가가서 표현하고 싶은 마음과 다른 한편으로는 그렇게 하고 싶지 않은 마음을 각각 충분히 인식하는 것이다. 게슈탈트 상담에서는 하고 싶지 않은 반대편의 마음을 없애는 것이 목표가 아니라 이를 통합하고자 하기 때문이다. 심지어 어떤 내담자는 성공하고 싶어 하지 않을 수도 있다. 자기를 바라보는 관점이 지나치게 경직되어 있어서, 즉 특정한 자기 개념에 사로잡혀 그 개념 안에 있지 않은 모습은 허용하지 않는 것이다. 이 내담자에게 필요한 것도 소외시켰던 자기의 부분을 통합해 가는 과정이다.

전체성을 회복하고 통합을 촉진하기 위해서는 내담자의 양극성을 탐색하여 구분하고 분리된 각 부분의 특성을 이해하는 것이 도움이 되는데, 상전과 하인 사이의 갈등을 다루는 것은 대표적인 통합의 과정이다. 상담 장면에서는 종종 두 의자 기법을 사용하여 상전과 하인의 대화를 시도하고 양극성을 통합하는 작업을 하기도 하는데, 작업이 성공적이면 그동안 두 부분의 갈등에 얽매여서 소모되었던 에너지를 새로운 게슈탈트를 형성하는 데 생산적으로 사용할 수 있게 된다.

통합을 지향하는 상담자는 내담자가 호소하는 문제를 그 사람의 전체 환경과 관계적 맥락 안에서 바라본다. 내담자의 '문제'를 논하기 전에 이 세상 자체가 생각보다 훨씬 관계적이라는 사실에 주목하고 내담자를 이해하려면 그가 속한 환경도 함께 이해해야 한다는 것을 안다. 누구도 홀로 고립되어 있지 않고 인간의 문제는 맥락 없이 생기지 않기 때문이다. 이러한 전체론적 관점을 통해 내담자는 더 많은 통찰에 이른다. 여기서 기억할 것은 통합이란 한 번 이루어지면 끝나는 작업이 아니라는 것이다. 완벽하고 영구적인 통합이란 없다. 통합은 또 다른 통합을 향하여 계속 앞으로 나아가는 진행형이다(Perls, 1969b).

2. 알아차림과 접촉의 증진

게슈탈트 상담의 궁극적인 목표는 증상 감소나 내적 갈등의 분석이 아니라 고통과 괴로움, 문제가 되는 모든 것을 포함하여 내담자의 경험을 새로운 자기 알아차림으로 통합시키는 것이다. 알아차림을 통해 무언가를 이루려는 목적이 있는 것이 아니라 알아차림 그 자체가 목적이다. 그러나 대부분 알아차림이 회복되고 나면 내담자는 스스로 자신에게 중요한 결정을 내리고 의미 있는 방향으로 행동을 취할 수 있게 된다. 알아차림은 문제를 해결하기 위한 방법이 아니라 그 자체가 치료적이다(Perls, 1969b).

따라서 상담자의 역할은 분석하고 해석하기보다는 내담자가 알아차림을 증진시킬 수 있는 상황을 제공하고 환경과의 접촉 과정을 지지하는 것이다. 상담자는 내담자가 자신이 '되어야 한다'고 생각하는 존재가 되려고 애쓰기보다는 자신의 환경을 충분히 알아차리고 접촉하도록 격려한다. 이때 환경이란 내적·외적 환경을 모두 포함하는데, 보다 구체적으로 말하자면 내적 환경에는 자기(self)의 부분들, 소유되지 않은 자기의 부분들이 포함되며 외적 환경에는 타인 및 환경이 포함된다. 그리고 접촉이란 내적·외적 세상과의 상호작용을 말한다.

또한, 상담자는 내담자가 어떻게 자신의 알아차림을 차단하고 있는지를 알아차리도록 돕는다. 이때 내담자가 알아차림을 차단하는 방식은 언젠가 내담자의 삶에서 필요한 것이었고 나름의 기능을 가지고 있는 최선의 선택이었음을 인정할 필요가 있다. 중요한 것은 내담자의 알아차림 방해 과정에 대해 '왜' 질문을 하기보다는 내담자 스스로 자신이 무엇을 생각하고, 느끼고, 원하고, 어떻게 행동하고 있는지를 알아차리도록 돕는 것이다. 이를 위해 상담자는 종종 "지금 무슨 일이 일어나고 있나요?" "지금 뭘 느끼고 있나요?" "지금 무엇을 경험하고 있지요?" 등의 초점화된 질문을 통해 내담자의 지금 여기에서의 알아차림을 증진시키고자 한다.

3. 자기 조절 능력의 회복과 창조적 적응

유기체는 스스로 필요한 것이 무엇인지를 알고 조절한다. 몸에 열이 난다고 가정해 보자. 열이 나면 우리는 평소에 하던 대로 일하고 활동할 수가 없다. 몸은 열을 냄으로써 쉬어야 한다는 메시지를 보내고 있는 것이다. 그런데 이때 휴식을 취하고 몸에 필요한 것을 공급하기보다 해열제만 찾는다면 어떻게 될까? 열은 금방 내려가겠지만 유기체의 자기 조절 능력은 무시될 것이다.

몸의 증상이 자연스러운 유기체의 자기 조절 능력에 따른 하나의 신호이듯이 심리적 증상도 마찬가지이다. 우울감을 호소하며 찾아온 내담자는 빨리 우울 증상을 없애고 싶어 하며 신속한 처방을 바랄 수 있다. 우울 증상을 없애야 할 부정적인 것이라 생각하기 때문이다. 증상을 존재하면 안 될 그 무엇이라고 가정하고 제거해야 할 것으로 생각한다면 그것은 유기체의 자기 조절 능력이 발휘될 기회를 차단해 버리는 것이다. 겉으로 드러나는 증상을 제거하는 것이 우선이 아니라 그 증상이 말하고자 하는 메시지를 알아차리는 것이 중요하다. 몸과 마음에서 보내는 모든 신호는 우리에게 무엇이 필요한지를 알려 주기 위해 출현하는 것이기 때문이다. 건강한 유기체는 우리의 몸과 마음이 보내는 신호에 귀를 기울이고 이를 알아차려 자신에게 필요한 것을 스스로 찾아가도록 허용한다. 많은 음식을 먹고 난 후 졸음을 경험한 적이 있을 것이다. 이는 우리 몸에서 소화를 위해 쉴 필요가 있다는 신호를 보냄으로써 스스로 조절 능력을 발휘하고 있는 하나의 예이다.

건강한 유기체는 변화하는 장의 조건에 따라 지속적으로 자기를 조절한다. 건강한 삶이란 곧 창조적 적응의 과정이다. 내담자들이 상담실에 가지고 오는 많은 문제는 그들 삶의 어느 시점에서는 최선이었던 창조적 적응의 결과물이었으나 장 조건이 바뀌었음에도 불구하고 수정되지 않고 고정된 패턴인 경우가 대부분이다. 게슈탈트 상담은 내담자에게 더 이상 유용하지 않은 경직되고 고정된 과거의 '창조적 적응'을 지금 여기에서 새롭게 회복할 수 있도록 돕고자 한다.

변화하는 환경에 창조적으로 적응하는 사람은 유연하다. 창조적이라는 것은 결국 유연하다는 뜻과 다르지 않다. 이들은 자신의 개인적 욕구만 잘 돌보는 것이 아니라 개인적 욕구와 환경의 요구 사이에서 균형을 이룬다. 게슈탈트 상담에서 건강이란 개인 내적인 영역에만 국한된 것이 아니라 맥락적이고 관계적이라는 것을 알 수 있다.

개체가 자기 조절 능력을 회복하고 나면 에너지를 좀 더 창조적으로 활용할 수 있게 된다. 보통 게슈탈트 상담이 성공적으로 이루어지면 결과적으로 내담자는 좀 더 다채롭고 풍부한 삶을 경험한다. 한 내담자는 상담 중 이렇게 말한 적이 있다. "매일 오가던

출근길인데 나무들이 이런 색인 줄 처음 알았어요. 나무색, 하늘색이 전보다 훨씬 더 선명하게 보여요. 전엔 안 보이던 것들인데 이런 게 원래 있었나 싶고, 세상이 너무 생생하고 아름답게 느껴져요". 이러한 경험을 함께 나누고 기뻐할 수 있다는 것은 상담자와 내담자 모두에게 큰 선물이 아닐 수 없다.

4. 책임과 성장

자기 자신에 대한 책임을 갖는 것은 성장의 전제 조건이다. Perls(1969b)가 의도적으로 책임감(responsibility)을 '반응하는 능력(response-ability)'이라고 말한 것에서도 알 수 있듯이, 게슈탈트 상담에서의 책임감이란 도덕적 · 윤리적 의무가 아니라 자신의 행동, 감정, 생각에 대한 책임을 말한다. 즉, 반응을 선택하는 능력이다.

일반적으로 사회적 상황에서는 "내 책임이다."라는 말이 "내 잘못이다."와 같은 뜻으로 받아들여지기 때문에 자기 삶에 대한 모든 것이 자기 책임이라는 것을 선뜻 인정하기가 어려울 수도 있다. '이렇게 불행과 고통으로 가득 찬 삶이 내 책임이라니!'라며 도저히 받아들일 수 없고 심지어 화가 날지도 모른다. 그런데 내 책임과 내 잘못은 다르다. 폭력적인 부모를 둔 것은 내 잘못이 아니고 내 선택도 아니다. 그러나 가정폭력 환경 속에서 어떻게 살아갈지, 어떻게 반응할지는 내 책임이다. 스스로 의식하지 않는다 해도 우리는 매 순간 어떤 경험을 할지 선택하면서 살아가고 있다.

우울감을 호소하며 상담실을 찾아온 한 내담자는 자신의 유능함을 인정하고 싶어 하지 않았다. 남들은 부러워할 만한 성취에 대해서도 시큰둥하게 반응하였다. 상담자가 "남들은 잘한다고 하는데 본인은 별로 인정하지 않는 것 같네요."라고 하자, "그냥 크게 뒤처지지만 않으면 좋겠어요. 저는 잘하고 싶지가 않아요. 잘하는 만큼 책임이 따르는 게 부담스러워요."라는 답변이 돌아왔다. 이 내담자는 자기 삶에 대한 책임을 부담으로 여기는 것으로 보였다. 그러나 자기 삶에 대해 더 큰 책임을 갖게 될수록 생생하고 다채로운 감정이 살아날 것이고 내면의 힘은 커질 것이다.

책임감이 일차적으로 자기 자신에 대한 것이기는 하지만, 이것이 우리가 타인과 전혀 상관없는 독립적인 존재여야 한다는 뜻은 아니다. 우리 모두는 서로에게 영향을 주고받는 관계 속에 있다. 자기 자신에 대한 책임을 더 인식할수록 우리는 타인에게 끼치는 영향에 대한 책임도 잘 인식할 수 있다(Perls, 1970b).

자기에 대한 책임은 곧 성장으로 이어지는데, 게슈탈트 상담에서 성장이란 환경 지지를 자기 지지로 옮겨가는 것이다(Perls, 1969b). 내담자는 대개 자기 지지가 잘 작동하지 않는 상태에서 환경 지지를 구하며 상담실을 찾아온다. 내담자가 다시 스스로를 지지할 수 있게 되려면 먼저 자기 자신을 알아야 하는데, 이때 자기 자신이 아닌 다른 무엇이 되려고 하지 않고 있는 그대로의 자기를 수용할 수 있어야 한다. 자기가 아닌 것이 되려고 애쓴다는 것은 자기의 어떤 부분을 소외시키고 부정하고 있는 것이므로 자기를 지지하는 것과는 반대의 방향을 향하는 것이다. 내담자는 자기 자신에게 발견되는 것들을 수용하고 통합함으로써 자기 지지를 할 수 있고 이는 곧 성장으로 이어진다.

내담자가 성장할 기회를 빼앗지 않기 위해 상담자는 내담자가 할 수 있는 것을 대신하지 않도록 조심해야 한다. 이 말의 뜻은 상담자가 내담자의 자기 지지를 대신하여 성급한 인정과 피상적인 공감을 해 주거나 내담자 대신 문제가 무엇인지를 찾아내고 해석하지 말라는 것이다. 만일 상담자가 내담자를 특정 방향으로 조작하려고 한다거나 '당신이 어떻게 되어야 하는지는 내가 잘 알고 있다.'는 태도를 취하게 되면 상담자가 내담자 대신 책임을 맡는 동시에 '당신은 지금 모습으로는 괜찮지 않다.'는 메시지를 함께 전달하는 셈이 된다. 그러나 게슈탈트 상담자는 변화 중개인이나 진실에 대한 결정자 역할을 거부하면서 내담자가 있는 그대로의 자신을 발견하고 허용할 수 있도록 충분한 지지를 제공하고자 한다.

환경 지지에서 자기 지지로 옮겨 간다는 것은 외부의 기준이 아니라 스스로의 기준에 따라 행동한다는 것이다. 자기 지지를 하는 사람은 기꺼이 자신이 원하는 것을 시도하고 실패를 받아들이며 종종 고통을 감수하기도 한다.

10장

게슈탈트 상담의 과정:
이론을 실제에 적용하기

게슈탈트 치료는 창조적이 되는 것에 대한 승인이다(Zinker, 1977).

게슈탈트 상담의 과정을 소개하기에 앞서 게슈탈트 상담에서 가장 중요한 개념 중 하나인 전체성을 상기시키고자 한다. 전체는 부분의 합 이상인 것과 마찬가지로, 게슈탈트 상담은 각각의 구성요소와 과정의 합 이상이다. 게슈탈트 상담은 정해진 절차에 따라 진행되기보다는 대화적 관계 속에서, 지금 여기에 드러나는 명백한 것들을 중심으로, 창조적인 실험을 통해, 내담자의 전체 장을 탐색하고 통합해 간다는 원리를 토대로 이루어진다. 대화적 관계, 현상학적 탐색, 장 이론, 실험적 태도라는 네 가지 핵심 원리는 게슈탈트 상담 전 과정에 스며들어 있는 것으로 이를 임상 실제에 적용하는 순서나 표준화된 절차가 정해져 있지는 않다. 더 정확히 말하자면 본질적으로 순서와 절차를 고정시킬 수가 없다.

　내용보다는 과정적 절차를 따르는 게슈탈트 상담의 특징은 초심자가 게슈탈트 상담을 배우고 적용하는 데 어려움으로 작용할 수 있다. 물론 게슈탈트 상담은 그 어느 상담 접근보다도 개방적으로 시연이나 워크숍 등을 통해 상담 장면을 공개하고, 실시간으로 이루어지는 토론과 슈퍼비전 등 직접적 체험을 통한 교육 기회를 제공해 왔다. 그러나 일회성의 시연이 아닌 좀 더 긴 호흡으로 상담을 진행해야 하는 입장에서는 상담의 시작부터 종결까지 게슈탈트 상담을 적용한다는 것이 여전히 막연하고 어렵게 느껴지는 것 같다.

　나 역시 게슈탈트 상담에 처음 입문했을 때 게슈탈트 상담 이론을 임상 현장에 적용하려고 하자 당장 접수면접부터 어떻게 진행해야 할지 난감했던 기억이 있다. 한국 게슈탈트 상담심리학회에서는 매년 해외의 유명한 게슈탈트 치료자들을 초청하여 국제 학술대회를 개최하는데, 2011년에 초청되었던 미국의 게슈탈트 치료자 Silvia Crocker는 접수면접을 어떤 식으로 하는지에 대한 나의 질문에 접수면접을 따로 하지 않는다고 답하였다. 그렇다고 해서 모든 게슈탈트 상담자가 접수면접을 생략하는 것은 아니다. 접수면접뿐 아니라 게슈탈트 상담자가 진단을 어떻게 해야 하고 치료 계획을 어떤 식으로 수립해야 하는지에 대해서도 궁금해하는 경우가 많다. 이렇듯 게슈탈트 상담을 현장에 적용하려고 할 때 많은 의문과 궁금증이 있을 수 있으며, 그에 대한 절대적이고 유일한 답변이 없는 경우도 많다.

그러나 게슈탈트 상담 절차의 표준화된 샘플을 제시할 수는 없다 하더라도 어느 정도의 가이드라인을 제공할 필요는 있다고 생각된다. 대부분의 상담 심리 관련 전공 대학원생은 석사 과정 동안 사례개념화와 진단 평가를 기반으로 상담 목표와 계획을 수립하는 훈련을 받는다. 게슈탈트 상담 접근을 지향한다고 해서 이러한 기본적인 훈련 과정을 소홀히 해도 되는 것은 아니다. 초심자는 상담 전문가로서 필요한 기본기를 익히는 동시에 게슈탈트 상담의 보다 맥락적이고 입체적인 관점을 적용하는 훈련을 쌓아 감으로써 내담자에 대한 이해를 확장시킬 수 있을 것이다.

1. 첫 만남과 진단

진단과 치료는 동일한 과정이다(Perls et al., 1973).

1) 첫 만남을 준비하는 상담자의 자세

게슈탈트 상담자는 일반적으로 무엇을 이야기할지에 대한 주제나 의제(agenda)를 미리 정해 놓지 않고 내담자를 만난다. 상담에서 다룰 주제나 순서를 점검하기보다는 내담자와 충분히 만나기 위해 내담자에 대한 선입견이나 첫 만남에 대한 불안, 일상의 부산함 등을 잠시 괄호 치기하며 대화적 및 현상학적 태도를 갖추는 것을 더 중요시한다. 이때 알아차림 연속을 상담자 자신에게 적용하는 것도 도움이 된다. 모든 내담자는 독특하고 주관적인 현상학적 장을 가지고 상담에 온다는 전제하에 진정성 있는 호기심을 가질 때 각 내담자와 새롭게 관계를 시작할 수 있다.

상담의 의제를 미리 정해 놓지 않는다고 해도 첫 만남에서 내담자는 종종 자신의 대인관계 패턴과 핵심 이슈를 자기도 모르게 드러내고는 한다. 따라서 게슈탈트 상담자는 내담자를 주의 깊게 관찰할 수 있어야 한다. 내담자가 언어적으로 보고하는 문제나 증상만이 아니라 상담자와의 관계에서 드러내는 것들은 진단과 치료 모두에 있어 유용한 자료가 된다.

장 관점에서 첫 만남을 생각해 보면 상담자와 내담자가 물리적으로 첫 대면을 하기 전부터 이미 둘 사이의 접촉은 시작되었다고 할 수 있다. 내담자가 상담자에 대해 알아보고 정보를 수집하는 과정, 전화나 이메일을 통해 상담실에 연락을 취한 순간, 상담실에 오는 길에 마주치는 주변 풍경, 그리고 대기실에서 느껴지는 분위기 등이 모두 첫 만남에 영향을 준다. 상담자가 모든 것을 통제할 수는 없지만 적어도 상담자 자신을 포함한 장의 여러 요소가 다양한 방식으로 내담자에게 영향을 주고 있다는 것을 충분히 고려하는 것이 중요하다.

2) 상담 초기의 과제

(1) 상담에 대한 안내와 적합성 판단
상담 초기에는 내담자에게 게슈탈트 상담에 대해 설명해 주는 것이 필요할 수 있다. 무엇을 얼마나 설명할지는 내담자에 따라 달라질 것이지만 기본적인 안내문을 만들어 놓으면 유용할 수 있다. 중요한 것은 '모든' 내담자가 '나'와의 게슈탈트 상담에 적합하지는 않다는 것이다. 내담자의 적합성과 각 내담자에 대한 상담자 자신의 적합성을 판단해야 하는데, 이 과정에는 평가적인 요소가 포함된다. 내담자와 상담자 둘 다에 대한 적합성을 판단할 때는 대인관계적 장 내에서의 많은 요소를 고려하게 된다. 내담자에 대한 배경 정보가 필요할 수도 있고, 내담자가 상담에 기대하는 것은 무엇인지, 내담자의 자기 지지나 환경 지지의 정도는 어느 수준인지, 진단적 고려 사항은 무엇인지, 그리고 상담자가 일하고 있는 현장의 특성, 상담자의 문화적·사회적 배경, 전문적 훈련 경험 등을 고려하게 된다. 또한, 관계적 측면에서 내담자가 상담자와 어떻게 접촉하는지도 주목해야 할 부분이다(Mackewn, 1997).

이 과정에서 내담자도 상담자를 평가하고 선택할 권리가 있다는 것을 알려 줄 필요가 있다. 초기 만남에서부터 상담자와 내담자가 양방향적 관계에서 서로를 탐색할 수 있다는 것을 명확히 언급해 주는 것은 내담자가 자신의 경험을 상담자에게 보다 편안하고 자유롭게 개방하도록 돕는다.

(2) 상담 계약

상담 초기의 또 다른 과제는 내담자와 상담 계약을 맺는 것이다. 특히 상담 시간과 장소, 비용을 명확히 하는 것은 중요하다.

상담 시간의 변경이나 취소 방법, 비밀보장의 한계 등은 다른 상담 접근에서와 마찬가지로 충분히 설명되어야 한다. 종결 시점이나 방법에 대해서도 상담 초기에 언급해 두는 것이 좋다. 게슈탈트 상담은 매 회기를 지금 여기에서 드러나는 것을 중심으로 즉흥적이고 일회적인 방식으로 진행한다고 오해하여 기본적인 상담 구조화를 소홀히 하는 경우가 있다. 물론 상담 초기에 맺은 상담 계약은 수시로 내담자와 조율하면서 수정될 수 있지만, 상담 초기에 전반적인 상담의 구조와 방향에 대해 합의하는 것은 상담자와 내담자 모두의 안전에 중요하다.

(3) 주 호소문제 탐색: 상담의 주제 찾기

상담 초기에는 우선 내담자의 주 호소문제가 무엇인지 파악하고 이를 중심으로 주제를 찾아야 한다. 내담자는 여러 가지 어려움이나 다양한 증상을 호소할 수 있는데, 각각의 문제에 개별적으로 접근하기보다는 그 문제들을 관통하는 하나의 주제를 찾는 것이 중요하다.

주제란 일회적인 문제가 아니라 반복되어 온 어려움이며 대개 미해결 과제와 관련되어 있다. 미해결 과제란 내담자가 절대 포기할 수 없는 중요한 욕구나 해소되지 못한 감정인데, 어떻게 그것이 형성되었는지 배경 탐색을 하다 보면 상처를 받았던 경험에 이르게 되는 경우가 많다. 앞서 설명했다시피 게슈탈트 상담에서는 과거의 상처 경험 자체가 현재의 고통을 야기하는 원인이라고 보지는 않는다. 문제가 되는 것은 과거의 미해결 과제를 해소하려는 욕구가 현재 삶에서도 중요한 동기가 되어 특정한 방식으로 장을 조직화하는 경향성이다. 즉, 내담자는 과거 상처 경험에 근거해서 장을 해석하고 과거 대처했던 방식으로 대응한다. 현재의 장은 과거와 다르며 과거에 최선이라 생각하고 사용했던 방식은 지금은 효과적이지 않은 경우가 대부분인데, 내담자는 습관화되고 자동화된 방식을 반복하고 있는 것이다. 이를 고정된 게슈탈트 또는 반복회귀 게슈탈트라고 한다.

정리해 보면, 주제란 내담자의 미해결 과제와 관련된 것으로서 미해결 과제를 완결하고자 끊임없이 시도하지만 계속 실패하고 있는 부분이다. 그리고 문제를 유지시키는 것은 고정된 게슈탈트 또는 반복회귀 게슈탈트이다. 내담자는 반복되는 문제로 괴로워하면서도 자신이 지금 여기서 무엇을 어떻게 하고 있는지 잘 알아차리지 못한 상태로 상담실을 찾는다. 그리고 자신이 대처하던 방식이 더 이상 효과가 없기 때문에 좌절을 느끼며 상담자에게 도움을 요청한다.

주제를 확인하는 가장 직접적인 방법은 내담자에게 물어보는 것이다. 내담자의 주제는 고통과 연관되어 있으므로 내담자가 스스로 호소하는 어려움, 주 호소문제에서 주제가 발견될 가능성이 높다. "상담에서 어떤 문제를 다루고 싶나요?"라는 상담자의 질문에 내담자는 "다른 사람의 인정을 받으려고 지나치게 애를 쓰면서 살아요."라고 말할 수 있다. 내담자가 다루고 싶은 문제를 스스로 말했다면 그것이 정말 주제인지를 확인하고 구체화시켜야 한다. 상담자는 "인정받으려고 애쓰는 것이 왜 문제라고 생각하나요?"

"그것이 어떤 식으로 문제가 되나요?" "어떤 상황에서 문제가 되나요?" 등을 질문할 수 있다.

반면, 내담자가 자신의 주제를 인식하지 못하는 경우도 있다. 즉, 상담에서 어떤 문제를 다루고 싶은지에 대한 질문에 대해 "잘 모르겠어요. 딱히 문제는 없지만 사는 게 재미가 없어서요."라는 식으로 모호하게 표현하는 것이다. 내담자가 문제를 분명하게 제시하지 못하는 경우 상담자는 주제를 발견해야 하는데, 내담자의 전경에 무엇이 있는지를 확인하는 것이 한 방법이다. 내담자의 에너지와 관심이 어디에 가장 많이 집중되어 있는지를 따라가다 보면 주제가 드러날 것이다. 그 밖에도 주제는 생각, 이미지, 욕구, 감정, 신체 감각 등으로 드러난다. 그중에서도 감정은 주제를 찾는 과정에서 매우 중요하며, 내담자의 감정의 화살표가 가리키는 방향을 따라가면 가야 할 곳에 이르게 된다.

한편, 내담자가 자신의 주제를 인식하고 있든 아니든 내담자의 주제는 상담 초기부터 회기 내에서 상담자와의 상호작용을 통해 드러나기 마련이다. 타인의 인정이라는 주제를 가진 내담자는 상담에 와서도 자기 자신으로 존재하기보다는 '좋은 내담자' 역할을 하느라 바쁠 수 있다. 자신의 고통을 있는 그대로 표현하기보다는 상담자가 이해할 수 있게 잘 설명하는 데 더 신경을 쓸 수도 있고 상담자의 제안을 너무 빨리 수용할 수도 있다. 따라서 상담자는 내담자의 이야기를 내용적으로 이해하는 것도 중요하지만 내담자와의 상호작용에서 상담자 자신이 어떤 경험을 하는지를 알아차리면서 지금 여기서 드러나는 것이 무엇인지를 눈으로도 잘 관찰하며 따라가는 것이 필요하다. 게슈탈트 상담에서는 '모든 것이 지금 여기에 와 있다'고 가정하며, 내담자의 주제는 상담 회기 안에서도 끊임없이 모습을 드러낸다고 보므로, 내담자가 지금 여기에서 어떻게 하고 있는지를 세심히 관찰하면 주제를 발견하는 데 도움이 된다.

내담자의 주제를 발견하는 과정은 한 회기로 끝나는 것이 아니라 몇 회기에 걸쳐 계속될 수도 있고, 처음에는 주제가 분명하지 않다가 회기가 진행됨에 따라 점차 명료해질 수 있다. 그러나 상담 초기부터 상담자는 내담자의 다양한 문제 상황을 관통하는 주제가 무엇인지에 관심을 갖고 가설을 세울 수 있어야 한다. 물론 상담자의 가설은 대화적 관계와 현상학적 초점화를 통해 확인되고 수정되어 간다.

(4) 상담 목표 설정

상담 초기에는 상담 목표에 대해서도 이야기를 나누게 되는데, 내담자에 따라 특정한 증상의 개선이나 문제의 해결에 관심이 있을 수도 있고 자신의 경험에 대한 보다 전반적인 탐색과 이해를 원하는 경우도 있다. 게슈탈트 상담의 일차적 목표가 알아차림 증진이라고 해서 내담자의 특정 욕구나 관심사를 가볍게 여기지는 않는다. 사실 내담자의 현재 욕구나 관심사를 보다 면밀히 살피려면 결국 그 수단이 되는 알아차림의 증진이 동반되어야 하므로 이 둘은 분리되어 있지 않다.

상담 초기에는 내담자가 밝힌 주 호소문제를 중심으로 상담 목

게슈탈트 상담에서 초기 회기의 과제들

Mackewn(1997)은 게슈탈트 상담자가 다음과 같은 여러 측면을 초기 회기에서 다룰 것을 제안하였다.

• 공동 과업
  - 개인 대 개인으로서 실존적으로 만나기
  - 내담자가 상담에 온 목적과 원하는 것이 무엇인지에 대해 상호 합의하기
  - 어떤 상담 형태, 방법, 접근을 선택할지 논의하기(예: 집단상담, 개인상담, 가족상담 등)
  - 초기 계약 맺기

• 상담자의 과업
  - 상담 과정을 설명하기
  - 상담이 내담자에게 도움이 될지, 자신이 내담자에게 적합한 상담자인지 평가하기
  - 내담자가 상담자가 일하는 치료 환경에 적합한지 평가하기
  - 내담자의 접촉 과정과 자기 지지 과정에 대한 초기 인상을 형성하고 주목하기

• 내담자의 과업
  - 왜 상담을 받으러 왔고 무엇을 얻고자 하는지 설명하기
  - 게슈탈트 상담 접근이 자신에게 적합한지, 상담자가 자신에게 맞는지 평가하기
  - 결정을 내리는 데 필요한 질문이나 궁금한 점 확인하기(예: 상담자의 자격, 경험, 상담 방식, 상담비 등)

표를 합의하고 설정하게 되는데 상담이 진행됨에 따라 바뀔 수도 있고 새로운 주제가 드러나기도 한다. 따라서 초기에 합의한 목표와 성과를 내담자와 주기적으로 점검할 필요가 있다.

3) 진단: 게슈탈트 상담자도 진단을 하는가

현상학적 입장을 취하는 게슈탈트 상담자는 진단 과정에 대해 적지 않은 혼란을 느낄 수 있다. '평가를 한다는 것은 내담자를 일반화시키는 것이 아닌가?' '평가를 하게 되면 내담자를 존재로 보는 대신 진단명으로 축소시키는 것이 아닌가?'라는 질문에 맞닥뜨리기 때문이다. 진단은 내담자를 하나의 사례가 아니라 한 인간으로 바라볼 것을 요구하는 게슈탈트 상담의 철학에 위배되는 듯 보이기도 한다.

전통적으로 게슈탈트 상담자들이 정신의학적 진단을 상대적으로 경시한 것이 사실이다. 그런데 정신의학적 진단 평가를 멀리할 때 나타날 수 있는 문제 중 하나는 정교한 진단적 관점을 잃어버리고 다양한 문제를 가진 내담자에게 차별화된 상담을 제공하기가 어려워질 수 있다는 것이다(Roubal, 2012). 다행히 현대 게슈탈트 상담자들은 순간순간 내담자와 함께 호흡하며 과정을 탐색하는 것 못지않게 내담자의 성격 구조 등을 이해하고 작업하는 것의 중요성을 점차 강조해 왔다(Mackewn, 1997). 게슈탈트 상담이 지향하는 과정에 대한 진단과 정신의학적 진단 간에 균형을 이룰 때 얻게 되는 이점이 있기 때문이다. 물론 정신의학적 진단을 하면서도 진단 내용에 얽매이지 않고 이를 잠시 제쳐 놓으면서 지금 여기 만남에 대한 여지를 남겨 놓고 매 순간의 과정에 전념할 수 있는 능력을 갖춘다는 것은 쉽지 않으며 매우 도전적인 과제이다.

진단 평가에 대한 불편감을 느끼는 게슈탈트 상담자에게는 Smith(2002)의 제안이 도움이 될 것 같다. 우선, 우리가 무엇인가 혹은 다른 사람에 대해 생각하고 말할 때 필연적으로 그 대상을 객관화하고 개념화하게 된다는 것을 인정해야 한다. 그렇다고 해서 우리가 내담자에 대해 가지는 모든 생각이나 예측이 내담자를 대상화하는 것은 아니다. Smith(2002)에 따르면, 내담자에 대한 생각이나 말은 하나의 상징이 될 수도 있고 절대적 우상이 될 수도 있다. 즉, 우리가 어떤 방식을 선택하냐에 따라 내담자를 대상화하는 정도가 달라진다. 내담자를 가리키고 설명하는 데 있어 우리의 생각이나 말을 하나의 상징으로서 '느슨하게' 붙잡을 수 있다면 내담자는 여전히 완벽히 이해될 수는 없는 신비한 존재로 남아 있을 수 있다. 따라서 내담자에 대한 생각이나 말을 상징으로 받아들이고자 하는 의도를 가지고 있는 것이 중요하며 이렇게 할 때 내담자의 존재를 훼손할 위험이 줄어들 수 있다(Smith, 2002).

이제 게슈탈트 상담자도 진단 과정에 참여할 필요가 있다는 것에 동의하는가? 그렇다면 게슈탈트 상담의 진단은 어떤 것인지에 대해 이야기할 차례이다. 게슈탈트 상담의 진단은 서술적 · 현상학적 · 과정적인 특징을 가지고 있다. 이는 기존의 진단 체계에서 흔히 나타나는 객관화 · 병리화 · 비개인화와 대비되는 입장으로 기계적인 진단을 경계한다. 또한 내담자가 보이는 독특한 방식들은 내담자가 살아온 어느 시점에선가 존재론적으로 필요해서 선택했던 것임을 이해하며 존중하는 방식이다. 게슈탈트 상담자는 "어떻게 내담자에게 피해를 주지 않으면서 내담자에 대해 이야기할

진단에 대한 게슈탈트 상담자의 내사: 게슈탈트 상담자는 내담자를 진단하면 안 된다

대화적 관계를 중요시하는 게슈탈트 상담자는 진단을 하면서 자주 심리적 불편감이나 거부감을 경험한다. 진단이라는 것 자체가 관찰과 평가를 포함하는 과정이기 때문에 내담자와 충분한 나-너 접촉을 하기보다는 내담자로부터 한 걸음 물러나 거리를 두게 되고 내담자를 객관화하게 되기 때문이다.

이러한 불편함은 게슈탈트 상담자는 '언제나 나-너 관계만을 지향해야 한다.' '내담자를 대상화해서는 안 된다.'와 같은 또 하나의 내사 때문일 수 있다. 실제 상담의 전 과정에서 상담자는 나-너 관계와 나-그것 관계 사이를 유연하게 오간다. 상담자는 나-그것 모드로 내담자와 관계하면서 내담자를 관찰하다가도 다시 충분히 현전하며 내담자와 만나기 위해 나-너 관계로 돌아갈 수 있다.

언제 나-너 관계, 또는 나-그것 관계 안에 있을지는 그 순간에 무엇이 필요한지에 달려 있는 것이고, 내담자를 만나는 수준을 유연하게 이동하며 '치료적 춤(therapeutic dance)'(Knijff, 2000)을 추는 것은 상담자에게 필요한 핵심 능력 중 하나이다.

상담자는 한 걸음 물러나 내담자를 객관화하여 관찰하기도 하고 상호적으로 반응하면서 모든 것을 진단적 정보로 활용한다. 내담자에게 관찰되는 것뿐 아니라 상담자 자신의 느낌, 생각, 신체 감각, 내담자와의 상호작용 패턴, 이 모든 것이 정보원이 된다. 중요한 것은 상담자 자신이 주어진 그 순간에 어떤 관점을 취하고 있는지를 알아차리고 있는 것이다.

수 있을까?"라는 질문을 던지며 진단에 임한다(Brownell, 2010). 게슈탈트 상담의 진단은 고정된 최종 결론을 도출하는 과정이 아니라 오히려 내담자와의 대화를 통해 끊임없이 수정되는 것이다.

게슈탈트 상담자가 서술적 · 현상학적 · 과정적 진단을 위해 사용하는 질문

- 내담자는 어떤 접촉 방식을 사용하고 있는가?
- 내담자의 접촉 방식이 어떻게 양질의 접촉이나 욕구 충족을 가로막고 있는가?
- 알아차림 접촉 주기의 어떤 단계가 차단되어 있는가?
- 내담자의 현재 고통, 특정한 역할, 관계 맺는 방식은 어떤 기능을 하고 있는가? 어떻게 내담자의 상태를 지속시키는 데 기여하고 있는가?
- 나와 내담자는 어떤 종류의 접촉을 하고 있는가? 어떤 규칙성이 있는가?
- 내담자의 현상학적 장이 나에게 어떤 영향을 미치고 있는가?
- 나는 내담자에게 어떤 영향을 주고 있는가?

(1) 게슈탈트 상담자와 DSM 진단 체계

게슈탈트 상담자들은 기존의 정신의학적 진단 입장과 다른 태도를 취하고 있기 때문에 종종 DSM 진단 체계를 활용하는 데 있어서도 양가감정을 가지고 있는 듯하다. 어떤 상담자는 DSM을 대신할 수 있는 게슈탈트 진단 체계를 찾으려 하거나 기존의 DSM 체계를 전혀 활용하지 않기도 한다.

사실 게슈탈트 상담의 독자적인 진단 개념을 발달시키려는 노력이 있기는 했지만, 여전히 전통적 진단 개념에서 자유롭기는 어럽다. 예를 들어, 내사나 편향 등 접촉 경계 혼란의 개념으로 내담자를 서술한다 해도 내담자를 객관화하는 과정이 포함될 수밖에 없다. '모든 것은 장 안에 있다'는 일반화된 진술만으로는 내담자의 특정 문제와 상황을 파악하는 데 매우 제한적이기 때문에 좀 더 임상적으로 유용한 진단적 접근이 필요하다. 또한 다른 정신건강 전문가들과 소통하고, 정신건강 관련 의료 체계에서 요구하는 합리적인 치료 경과나 치료비 등을 현대 정신건강 영역에서 통용되는 언어로 제시하려면 실용적인 이유에서라도 기존의 진단 체계를 완전히 무시할 수는 없다.

Roubal(2012)이 소개한 예가 DSM 진단 체계를 어떻게 활용할 수 있을지에 대한 이해를 도울 것이다. 그는 공원을 걷다가 멋진 조각 작품을 발견했다고 가정하였다. 만일 한 자리에서만 조각을 바라본다면, 그 조각의 일부는 인식할 수 있겠지만 모든 면을 감상하기는 어려울 것이다. 그러나 거리, 위치, 각도를 바꾸어 가면서 다양한 관점에서 이 작품을 감상하면 더 전체적인 조망을 가질 수 있게 된다. 어떤 위치가 조형물을 가장 정확하고 풍부하게 조망할 수 있는지에 대한 입장이 다를 수는 있지만 여기에서 봐야 하는지, 저기에서 봐야 하는지 싸울 필요는 없다. 그보다는 각 자리에서 무엇을 잘 볼 수 있는지 서로에게서 지혜를 얻는 것이 조각 작품을 보다 충분히 감상하는 데 있어 도움이 될 것이다.

이 상황을 진단 장면으로 옮겨 보자. 상담자는 다양한 이론적 입장으로부터 유용한 정보를 얻을 수 있다. 우리는 기존의 DSM 진단 체계가 제공할 수 있는 정보를 활용하되, 장 이론에 기반을 둔 게슈탈트 상담의 독특한 진단 관점을 취함으로써 내담자에 대한 보다 풍부한 이해에 도달할 수 있다.

다행히도 최근에 발표된 DSM-5는 이전에 비해 게슈탈트 상담의 과정적 접근 방식과 보다 잘 어우러질 수 있는 조건을 가지고 있다. DSM 진단 체계는 기본적으로 범주적 분류를 바탕으로 하나, DSM-5 개정판에서는 그 한계를 보완하기 위한 차원적 분류의 흔적을 발견할 수 있다. 기존의 범주적 분류에서는 내담자를 정신장애가 있느냐 없느냐 둘 중의 하나로 구분해야 했다. 마치 회색은 흰색이든 검은색으로든 어느 한 쪽으로 분류가 되어야 하는 식이다. 반면, 차원적 분류는 범주적 분류와 달리 내담자의 증상이나 현재 기능 정도를 스펙트럼상의 범위 내에서 바라본다. 게슈탈트 상담자는 기존 진단 체계가 강조하는 명사(진단명이나 증상의 이름 등), 범주, 구조 등을 게슈탈트 상담에서 선호하는 동사, 차원, 과정과 통합해 갈 수 있다(Brownell, 2010).

심리검사를 대하는 게슈탈트 상담자의 자세

게슈탈트 상담자는 심리검사도 하나의 실험으로 생각할 수 있다 (Brownell, 2002). 심리검사는 그 결과, 즉 내용으로서만이 아니라 심리검사를 제안하고 검사에 응하는 과정 속에서 내담자에 대한 많은 것을 우리에게 알려 준다.

(2) 게슈탈트 상담의 다면적 진단 모델: 병리적 관점, 맥락적 관점, 장 이론적 관점

Roubal(2012)은 게슈탈트 상담의 진단 과정에 병리적 관점, 맥락적 관점, 장 이론적 관점을 단계적으로 적용하는 다면적 진단 모델을 제안하였는데, 게슈탈트 상담자가 진단을 할 때 참고할 수 있는 매우 유용한 모델이라고 생각되어 그 내용을 소개하고자 한다.

첫 번째 단계인 병리적 관점 혹은 의학적 관점의 진단에서는 상담자가 내담자를 의도적으로 물리적 대상으로 바라보고 관찰한 것과 병리학적 전문 지식을 연결하여 증상과 병리를 확인한다. 상담자는 "어떤 증상이 관찰되는가?" "내담자가 보이는 역기능적 특성은 무엇인가?"를 질문하며, 나-너 관계나 장 이론적 관점 등에는 잠시 괄호를 쳐 놓는다. 그리고 최종적으로 DSM 진단 체계의 용어를 빌어 관찰한 것들에 이름을 붙인다. 이 방법의 이점은 상담자가 내담자에 대한 '일시적이지만' 명확한 이미지를 그릴 수 있게 해 준다는 것으로, 진단의 첫 단계나 초기면접에 사용될 때 매우 유용할 수 있다. 하지만, DSM 진단 체계를 활용한 진단은 가장 쉽고 간단한 방법일 수 있으나 그것만으로는 아직 충분하지 않다. 상담자는 내담자의 증상이나 진단명보다 더 많은 것을 알아야 하고 그 너머로 관심을 확대할 필요가 있다. 모든 내담자는 독특하고 유일하기 때문에, 두 명의 내담자에게 똑같이 우울증이라는 진단을 내린다고 해도 그 둘 간에는 커다란 차이가 존재하기 때문이다.

두 번째 단계는 맥락적 관점을 적용한 진단이다. 맥락적 관점의 진단에서는 내담자의 원가족, 현재 가족, 학교, 직장 등의 다양한 체계 내에서 내담자가 어떤 역할을 하고 있고, 앞선 병리적 관점에서 관찰되었던 증상이 어떤 기능을 하고 있는지에 주목한다. 상담자는 "증상의 기능은 무엇인가?" "증상은 내담자의 어떤 부분을 만족시키거나 보호해 주고 있는가?" "증상의 이차 이득이나 한계는 무엇인가?" 등을 질문해 본다. 내담자가 체계 내에서 반복하고 있는 증상, 행동, 역할은 대개 체계 내의 중요하고 의미 있는 사람들에게 유용하다고 인정받고 강화받은 것들이며, 환경과 관계 맺는 독특한 방식으로 굳어져 있는 것들이다. 이것들은 한때 그럴 만한 타당한 이유가 있어서 채택되었지만, 지금 내담자가 상담실에 왔다는 것은 더 이상 그 방식이 내담자의 변화된 환경에 유용하지 않으며 경직되고 자동화된 고정된 게슈탈트가 되었다는 의미이다. 상담자는 기본적으로 내담자가 보이는 증상을 창조적 적응의 결과물로 보면서, 증상의 기능을 밝히고자 한다.

세 번째 단계는 장 이론적 관점을 적용한 진단이다. 장 이론적 관점에서는 병리적 관점에서 증상으로 본 것, 맥락적 관점에서 기능으로 본 것을 이제 상담자와 내담자 모두에 의해 공동 창조되는 것으로 이해한다. 장 이론에 따르면 특정 현상이 다른 것들로부터 고립되어 단독으로 존재할 수 없고 장의 모든 것은 연결되어 있다. 이는 진단하는 사람이 진단에 영향을 줄 수 있다는 의미로까지 확장되는데, 즉 상담자는 내담자와의 상호작용을 통해 내담자의 증상을 만들어 가는 공동 창조자라고 가정된다. 장 이론적 진단에서는 지금 여기에서 나타나고 있는 현상에 대해 상담자 자신이 어떤 기여를 하고 있는지, 상담자와 내담자가 어떻게 만나고 있는지, 어떻게 함께 장을 조직화하고 있는지가 관심의 초점이 된다. 상담자는 "상담자와 내담자는 어떤 종류의 접촉을 하고 있는가?" "접촉 방식의 규칙성이나 패턴이 있는가?" "상담자와 내담자의 개인사가 지금 여기에 나타나는 패턴에 어떤 영향을 주고 있는가?" "그것들이 어떻게 상호작용하고 있는가?" 등을 질문한다. 현상학적 탐색에 상담자 자신을 포함시키고 자신의 알아차림을 내담자와 공유하며 "지금 무엇을 느끼나요?" "지금 이 순간 무엇을 알아차리나요?"와 같은 질문을 통해 검증해 간다. 내담자가 상담 장면에서 장을 조직화하는 방식은 상담실 밖에서 해 오던 익숙한 방식의 재현일 가능성이 매우 높기 때문에 상담자는 내담자의 주변 사람들이 내담자와의 관계에서 경험한 것과 유사한 경험을 하게 된다. 상담자가 내담자와의 관계에 충분히 현전하여 직접 이런 종류의 장 과정을 경험하는 것은 매우 중요하다. 상담자는 내담자의 진단을 공동 창조한다.

이와 같은 세 단계를 거치면서 상담자는 병리적 관점으로 내담자의 증상을 확인하고 맥락적 관점에서 증상의 기능을 볼 뿐 아니라 장 관점에서 내담자가 상담자와 함께 관계적 장을 조직화하는 방법에 대한 전체 그림을 그리게 된다. 이 세 가지 진단 과정은 동시적일 수 있으며 각각의 단계를 분리하여 순차적으로 진행해야 하는 것은 아니다. 예를 들어, 내담자와의 첫 만남에서 의도적으로 병리적 관점의 진단에 더 집중할 수는 있겠지만 내담자가 상담실 문을 열고 들어올 때의 표정, 행동 특성, 대화 중 상담자가 받게 되는 영향 등은 병리적 진단뿐 아니라 장 이론적 관점의 진단에도 중요한 단서가 된다. 특히 장 이론적 관점의 진단은 게슈탈트 상담의 고유한 진단 과정으로, 장 맥락하에서 진단하는 과정은 매우 복잡할 수밖에 없고 단순한 개념화가 불가능하다. 또한 끊임없이 수정되어 가는 진단 과정은 혼란을 내포할 수밖에 없다. 빨리 결론을 내리고 진단명을 확정하는 것이 효율적이라고 생각하는 사람에게는 이러한 진단 과정이 매우 느리고 답답해 보일 수도 있지만, 세 가지 진단 관점을 균형 있게 활용하는 것은 내담자를 대상화하거나 진단과 평가 과정을 지나치게 단순화할 위험을 경

세 가지 진단 관점의 비교

• 병리적 관점
상담자의 질문: 내담자의 증상은 무엇인가?
관찰 대상: 내담자의 증상
• 맥락적 관점
상담자의 질문: 내담자 증상의 기능이 무엇인가?
관찰 대상: 관계 패턴
• 장 이론적 관점
상담자의 질문: 상담자와 내담자는 어떻게 증상을 함께 만들고 있는가? 상담자와 내담자는 어떻게 장의 현재 현상을 공동창조하고 있는가? 지금 여기에서 나타나고 있는 현상에 상담자는 어떤 기여를 하고 있는가? 내담자와 어떤 종류의 접촉을 하고 있는가?
관찰 대상: 상담자와 내담자 간의 상호작용, 치료적 관계

계하게 해 주며, 결과적으로 내담자를 보다 풍부하게 이해하도록 길을 안내할 것이다.

4) 사례개념화: 맥락적이고 관계적인 관점의 사례개념화

사례개념화는 내담자의 임상적 상태에 영향을 주고 있는 상황적이고 관계적인 요소들에 대한 상담자의 해석이다. 게슈탈트 상담자는 진단에서와 마찬가지로 사례개념화에 대해서도 양가감정을 가질 수 있다. 그러나 각 내담자의 특성과 필요에 따라 상담에 적용할 전략과 계획이 달라지는 것은 자연스럽고도 필요한 일이다. 적어도 내담자에 따라 맞춤형의 상담을 적용하려면 잠정적인 사례개념화가 필요하다. 그 후 내담자와 실제 회기를 거치면서 순간순간의 만남의 경험에서 얻은 자료를 가지고 초기 사례개념화를 수정·보완해 가야 한다. 이런 과정은 현상학적 태도를 가지고 나-너 관계와 나-그것 관계를 유연하게 오갈 때 가능하다 (Brownell, 2010).

게슈탈트 상담자는 어떻게 사례개념화와 효과적인 치료 계획을 수립하는 작업을 보다 장 맥락적으로 할 수 있을까? 내담자의 증상이나 문제는 특정 시점에 전체 장 안에서 내담자에 대한 어떤 부분을 드러내고 있는 것이다. 내담자는 단독으로 고립되어 있으면서 증상을 가지고 있는 것이 아니라 항상 상황 속에 있고, 상담자는 이런 특정 상황과 조건하에서 사례개념화를 해야 한다. 그런데 내담자의 상황은 고정되어 있는 것이 아니기 때문에 과정적으로 접근할 수밖에 없다. 더불어 이 상황에는 상담자도 포함되어 있음을 잊지 말아야 한다. 즉, 사례개념화를 한다는 것은 상담자가 내담자 안에 내재되어 있는 고정된 실체를 파악하는 것이라기보다 서로 영향을 주고받는 일련의 연속적인 과정이라는 말이다. 내담자에 대한 이해는 최종적으로 도출되는 단 하나의 완결된 결론을 향한 것이 아니라, 상호 주관적이고 순환적인 해석 과정이다. 내담자는 고정되어 있는 것이 아니라 항상 상황 속에 있다.

사례개념화를 종종 여행에 필요한 지도에 비유한다. 최근 여행을 한 적이 있다면 그때를 한번 떠올려 보기 바란다. 여행을 떠나기 전에 어떤 준비를 했는가? 여행지에 대한 정보를 수집하고 준비물을 챙기고 가 보고 싶은 곳의 우선순위 등을 정할 것이다. 그러나 막상 여행을 떠났을 때 계획대로 진행되었는가? 아마도 그렇지 않았을 것이다. 여행지에 도착하면 떠나기 전에는 미처 몰랐던 새로운 정보를 얻게 되기도 하고 예정에 없던 일정이 생기기도 한다. 만일 당신이 여행 계획을 너무 빡빡하게 세웠다면 새로운 곳을 방문해 볼 여유를 갖기 어려웠을 것이다.

이와 마찬가지로 게슈탈트 상담자도 내담자와의 여행을 떠나기에 앞서 대략의 여행 계획을 세울 수 있다. 이때 계획은 충분히 유연해서 변경이 가능해야 하고, 여행을 출발할 수 있을 정도로는 틀을 갖추어야 한다.

구체적으로 게슈탈트 상담자가 사례개념화를 할 때 내담자 이해를 위해 중요하게 다루게 되는 몇 가지를 살펴보겠다. 첫째, 게슈탈트 상담자는 내담자의 장을 평가하고자 한다. 내담자가 어떤 어려움을 호소하는지, 즉 장의 전경에 무엇이 있는지를 보는 동시에 그 배경은 무엇인지, 전경과 배경이 어떤 상호작용 속에 있는지 전체 장을 이해하고자 한다. 내담자의 주 호소문제를 중심으로 전경에 무엇이 있는지를 확인하는데, 만일 내담자가 직장 상사와의 관계가 어렵다고 호소한다면 그 관계에서 무엇(감정, 생각, 신체감각 등)을 경험하는지, 어떻게 경험하는지를 구체적으로 탐색한다. 동시에 장 안의 모든 것은 상호 영향을 미친다는 전제하에 내담자가 직장 상사와의 불편한 관계에 기여한 부분은 무엇인지도 살펴본다. 이 과정에서 배경 및 미해결 과제가 밝혀질 수 있다. 예를 들어, 내담자는 과거 권위적이고 가부장적인 아버지와의 관계에서 부당하고 차별적인 대우를 받은 경험이 있었고, 상사의 특정 말투나 표정이 아버지를 연상시켜 편안하게 대하기가 어려울 수 있다. 내담자의 전경과 배경을 탐색함과 동시에 지금 여기의 상담 장면도 또 하나의 장이므로 상담자는 자신의 존재와 존재 방식이 내담자에게 미칠 영향도 고려한다. 지금 상담자와의 관계에서 내담자는 어떤 경험을 하고 있는가?

둘째, 사례개념화를 할 때 중요한 것은 내담자의 알아차림-접촉 순환 과정을 확인하는 것이다. 게슈탈트 상담자는 알아차림-접촉의 여섯 단계가 연속적이고 자연스럽게 순환하는 상태를 건강하다고 본다. 만일 알아차림-접촉 순환의 어느 한 단계에서라도 차단이 일어나면 유기체의 자연스러운 자기 조절 능력이 제한되어 있는 것이므로 어느 단계에서 어떻게 접촉 경계 혼란이 일어나고 있는지를 찾아야 하며, 앞서 소개했던 여섯 가지 접촉 경계 혼란, 즉 내사, 투사, 반전, 융합, 자의식, 편향 중 무엇이 어떤 식으로 내담자에게 나타나는지를 확인하는 것이 필요하다. 예를 들어, 자신의 건강을 돌보지 않은 채 일에만 몰두해 있는 내담자는 휴식이 필요하다는 몸의 신호를 알아차리지 못하고 있을 수 있다. 이 내담자는 감각 단계에서 알아차림이 차단되어 있으며 "맡겨진 일에는 최선을 다해야 한다."라는 내사가 강력히 작동하고 있을 수 있다.

셋째, 내담자 내면의 소외된 부분과 서로 단절되어 있는 양극성을 확인할 필요가 있다. 게슈탈트 상담에서는 있는 그대로의 자신을 수용하고 통합하여 전체성을 회복하는 것이 중요하다고 본다. 내담자가 자신으로 받아들이지 못하고 있는 부분은 무엇인지, 지나치게 억눌린 반대 극은 무엇인지를 파악하여야 한다. 이 과정에서 종종 내담자가 내사하고 있는 당위적 명령이 발견된다.

넷째, 내담자의 미해결 과제가 무엇인지를 확인하는 것이다. 이는 첫 번째로 언급했던 장의 평가에 포함될 수도 있는데, 내담자 문제의 배경을 탐색하는 과정에서 밝혀지고는 한다.

이러한 요소들을 중심으로 내담자 문제를 이해하고 나면 각 내담자에 따른 상담 목표와 전략을 수립하게 된다. 게슈탈트 상담의 궁극적인 목표는 알아차림 증진과 전체성의 회복이지만 그러한 목표에 이르기까지는 단계적이고 세분화된 중간 목표가 필요할 수 있다. 먼저 알아차림과 접촉을 차단하는 방해 요소들을 지금 여기에서 보다 생생하게 알아차리고 경험하는 것이 필요한데, 앞서 제시했던 일 중독에 빠져 있는 내담자의 예를 들자면 자신의 신체 감각에 좀 더 주의를 기울이고 자신이 어떻게 신체적인 신호를 무시하고 있는지를 알아차리도록 돕는 것이 목표가 될 수 있다.

간혹 내담자 문제에 대한 이해가 너무 추상적인 수준에 머물러 있다거나 상담 목표를 알아차림 증진, 자기 조절 능력의 회복, 양극성의 통합 등 원론적으로만 기술하여서, 각 내담자의 차별성이 전혀 드러나지 않는 사례 보고서를 볼 때가 있다. 이런 경우 사례개념화가 무슨 의미가 있을까? 상담자의 눈으로 직접 관찰한 구체적 현실과 이론이 함께 가야 한다. 사례개념화를 할 때 너무 이론적으로만 접근하면 각 내담자의 독특함과 고유성은 잃어버린 채 추상적인 개념만 남아 있을 수 있다. 게슈탈트 상담의 궁극적인 목표가 알아차림 증진인 것은 맞지만, 책 속에 있는 내담자가 아닌 내 눈 앞에 있는 이 내담자의 경우에는 특히 어떤 부분에 있어서의 알아차림이 필요할 것인지, 구체적으로 알아차림 접촉 순환 주기의 어느 단계에서 주로 차단이 일어나고 있는지, 어떤 특정 접촉 경계 혼란이 차단에 중요한 영향을 미치고 있는지 등을 파악하여 그에 따른 상담 목표와 전략을 수립해야 할 것이다.

혹시 게슈탈트 상담의 사례개념화 과정이 너무 복잡하게 느껴지는가? 그렇다면 초보 운전자였던 시절을 떠올려 보기 바란다. 운전을 처음 시작할 때는 정신을 바짝 차리고 살펴야 할 것이 많았을 것이다. 차선을 바꿀 때도 몇 번씩 백미러를 통해 뒤에 오는 차들을 확인하고 옆 차선의 상태를 파악하며 횡단보도나 신호 상태도 잘 보아야 하고, 차선을 바꿔도 되겠다는 판단이 서면 재빨리 깜빡이를 켜고 빠른 속도로 달리고 있는 다른 차들의 운행 속도와 흐름을 방해하지 않도록 적절히 끼어들어야 한다. 차선을 한 번 바꾸는 사이에도 등에는 식은땀이 나며 몸은 있는 대로 긴장을 한다. 그런데 운전에 숙달되고 나면 어떠한가? 어느새 옆 자리에 앉은 사람과 대화를 나누고 음악도 들으며 의식적인 큰 노력 없이 부드럽게 차선을 바꾸고 있는 자신을 발견할 수 있다. 사례개념화도 마찬가지이다. 처음에는 살펴야 할 것이 너무 많아서 부담스럽고 어렵게 느껴지겠지만, 훈련의 과정을 거쳐 점차 경험이 쌓이고 익숙해지면 내담자에게서 중요한 것들이 무엇인지가 더 자연스럽게 파악될 것이다.

2. 현상학적 방법으로 내담자 경험 따라가기

상담자가 초기면접과 진단을 통해 내담자의 호소문제에 대한 전반적 이해를 하고 난 후에는 현상학적 방법을 통해 내담자의 경험을 좀 더 세밀하게 따라간다. 이때 내담자에게 실제로 무슨 일이 일어났는지보다는 일어났던 일 중에 내담자가 무엇을 이야기하는지가 더 중요하다. 예를 들어, 내담자가 어린 시절 어머니에게 거절당하고 상처받은 경험에 대해 이야기하고 있다고 가정해 보자. 내담자는 5세 때 어머니가 한 살 터울인 동생의 옷을 입혀 주는 것을 보고 자기도 입혀 달라고 했던 경험에 대해 이야기한다. 어머니가 "다 큰 애가 왜 이러니, 넌 혼자 할 수 있잖아."라고 하면서 귀찮다는 얼굴로 내담자를 밀쳤다는 이야기를 하면서 내담자의 눈가가 촉촉해지고 목소리가 떨린다. 그러나 내담자는 울지 않고 냉정을 찾으려 애쓰며 그 상황을 상담자에게 계속 설명한다.

이 모든 것이 내담자의 현상학적 장을 드러내고 있다. 그 사건이 과거 내담자에게 어떤 경험이었는지, 그리고 그 말을 하고 있는 지금 어떤 경험을 하고 있는지를 모두 드러내고 있는 현상학적 장이다. 어머니가 실제로 내담자를 밀쳤는지, 정말 냉정한 표정을 지었는지, 심지어 그런 일이 실제로 있었는지 알 수 없다. 그러나 사실 여부를 가릴 필요가 없다. 상담자가 들은 것은 그 사건에 대한 내담자의 버전이고, 사건의 사실 여부보다 더 중요한 것은 내담자가 이야기한 내용, 그리고 그 이야기를 하면서 내담자가 경험하는 방식이다. 그 사건이 과거에 일어났다 하더라도 상담자는 지금 여기에서 내담자의 현상학적 장에 함께 있으면서 내담자의 경험을 생생하게 따라갈 수 있다. 이것이 내용과 과정을 모두 포함한 현상학적 탐색이다.

상담자는 내담자가 지금 여기에서의 경험을 충분히 알아차릴 수 있도록 "지금 무엇이 일어나고 있나요?" "지금 무엇을 느끼고 있나요?"와 같은 질문을 하기도 한다. 그러나 대개 내담자는 현재 경험에 집중하는 시간이 매우 짧고 경험의 흐름을 깨뜨리는 경우가 많다. 예를 들면, 방금 눈물을 글썽거리며 슬픔을 경험하던 내담자에게 상담자가 "지금 무엇을 느끼고 있나요?"라고 질문하면 관련된 사건에 '대한' 이야기를 함으로써 지금 경험으로부터 멀어진다. 상담자는 내담자가 설명하기보다는 그 순간에 좀 더 머물러 충분히 알아차리도록 돕는 것이 좋다. "방금 어떤 감정이 올라온 것 같은데 잠깐 멈춰서 알아차려 보시겠어요." 또는 "눈가가 촉촉해졌다가 금세 사라졌는데 무슨 일이 일어난 거죠?" 등의 개입을 통해 접촉을 방해하는 순간을 포착하고 내담자의 오래된 패턴이 어떤 식으로 작동하고 있는지를 지금 여기의 맥락 안에서 보게 하면 그 패턴이 더 이상 유용한 도구가 아님을 더 명확히 알아차리게 된다.

내용과 과정을 모두 포함하는 현상학적 탐색

게슈탈트 상담에서는 과정이라는 말이 자주 등장하는데, 처음에는 과정이 무엇을 의미하는지 명확히 이해가 되지 않을 수 있다. 과정과 내용은 동전의 양면과 같다. 별개의 것 같지만 사실은 같은 것이기도 하다. 어느 편에서 보느냐에 따라 동전의 앞면이기도 하고 뒷면이기도 한 것처럼 말이다.

사실 모든 것은 과정인데, 과정에 단지 이름을 붙인 것이 내용이다. '사과'를 예로 들어 보자. '사과'라는 것이 실제로 존재하는가? '사과'는 개념일 뿐이며 실재하는 것은 각각의 개체들이다. 하지만 각각의 개체를 지칭하며 소통하는 것은 매우 번거로울 뿐 아니라 불가능하기도 하다. 그래서 우리는 개별적 개체들이 갖는 공통적 특징을 묶어 개념화하고 이름을 붙여 소통한다. 이러한 개념을 우리 마음에 빗대어 보면, '기쁨'이나 '슬픔'도 모두 하나의 개념이다. 모든 감정은 다 개별적이고 다른 색조를 지닌 것인데 이런 감정은 '기쁨'으로, 저런 감정은 '슬픔'으로 부르는 것뿐이다.

내용 없이 소통한다는 것은 매우 어려운 일이지만 내용만으로는 정확한 이해에 한계가 있다. 따라서 내용의 도움을 받아 과정을 더 명확히 이해하게 되는 것이다. 예를 들어, 내담자가 무언가에 대해 이야기할 때 내용뿐 아니라 어떻게 그 이야기를 하는지(과정)도 함께 보아야 한다. 입으로 하는 말만이 아니라 존재 전체로 어떻게 말하고 있는지를 보는 것이 중요하다. 결국 내용과 과정은 둘 다 중요하다. 그런데 평소 우리는 내용에 매우 치중된 의사소통 방식에 익숙하므로 특히 상담자는 내용에 매몰되지 않고 과정에 깨어 있으려고 노력할 필요가 있다.

그렇다면 어떻게 하면 과정에 깨어 있을 수 있을까?

첫째, 내용에 빠져 있음을 알아차리라. 내용에 빠져 있을 때 이를 상담자가 알아차리는 것이 중요하다. 알아차리면 다시 과정으로 돌아갈 기회가 생긴다.

둘째, 내담자의 문제를 고정불변한 실체라고 착각하지 말라. 내담자가 사용하는 개념과 언어를 현상학적 탐색 없이 그대로 채택해 버리면 상담자는 내담자의 문제에 압도되기 쉽다. 슈퍼비전을 하다 보면 많은 초심자가 내담자의 호소문제를 큰 문제 또는 작은 문제로 구분 짓고 자신이 다룰 만한지 아닌지를 판단하는 것을 자주 보게 된다. '자살 시도라니, 이 문제는 내가 다루기엔 너무 심각해.' '이런, 내가 듣기에도 이건 정말 큰 문제인 걸!' 내담자의 호소문제를 들으면서 이런 말들을 속으로 되뇌어 본 적이 있다면 이미 우리는 개념의 그물에 갇힌 것이다.

언제 특별히 과정으로 주의를 옮겨야 하는가?

상담자 자신의 반응은 언제 과정을 따라가야 할지에 대한 좋은 지표가 되어 준다. 상담 시간에 내담자의 이야기에 집중하기가 어렵다거나, 지루함을 느낀다거나, 혹은 중요하지 않은 이야기로 시간을 보내고 있다는 느낌이 들 때, 상담자는 내용을 계속 쫓아가기보다는 지금 여기서 무슨 일이 일어나고 있는가에 주의를 기울이고 과정을 살펴볼 필요가 있다.

(1) 현상학적 탐색의 세 가지 원칙

현상학적 탐색을 위해서는 괄호치기(epoche)의 원칙, 기술(description)의 원칙, 수평화(horizontalization)의 원칙을 따르는 것이 도움이 된다(Crocker & Philippson, 2005; Spinelli, 2005).

첫째, 괄호치기란 지금 여기서 드러나는 것을 어떤 편견이나 선입견, 가정 없이 대하는 것을 말한다. 상담자는 가능하면 모든 해석, 이론, 초기 사례개념화 등을 옆에 제쳐 두고자 하는데, 괄호치기에는 역전이 감정을 포함한 개인적 미해결 과제들도 포함된다. 오해하지 말 것은 현상학적 방법을 적용하고 있는 그 순간 상담자의 이론이나 해석, 역전이 감정 등을 제쳐 둔다는 것이지 이것들이 상담에 사용되지 않는다는 말은 아니다. 특히 역전이 감정은 상담에 매우 유용하게 사용될 수 있으며, 역전이 감정을 깊이 이해하고 다루는 능력은 상담자에게 반드시 필요하다.

둘째, 기술의 원칙이란 설명하고 해석하기보다 드러나고 관찰된 것을 있는 그대로 기술하는 것을 뜻한다. 상담자의 할 일은 나타나고 펼쳐지는 것을 보는 것으로, 내담자의 현상학적 장을 탐색할 때 모든 감각적 · 지각적 자료를 동원한다. 내담자의 옷차림, 자세, 얼굴 표정 등을 포함하여 내담자 에너지의 흐름, 몸의 움직임을 따라간다. 그리고 관찰한 것을 내담자에게 그대로 기술하여 돌려준다. 예를 들어, "지금 양손으로 팔을 감싸 안고 있네요." "눈물을 닦고 난 휴지를 아주 작게 뭉쳐서 꽉 쥐고 있군요."라고 말할 수 있다. 이러한 기술은 내담자가 자신의 날 것 그대로와 접촉하도록 해 준다.

많은 상담자는 상담 현장에서 내담자에게 설명하거나 해석하지 않고 단지 기술하는 것이 생각만큼 쉽지 않음을 경험한다. 상담자 자신도 도움을 요청하는 내담자에게 설명하고 답을 주는 방식이 익숙한데다가, 내담자가 직접적인 답을 요구하는 경우도 많기 때문이다. 상담자는 전반적으로 기술하기 원칙을 따르되 경직된 태도로 기술하기만을 고집할 필요는 없다. 언제나 그렇듯 게슈탈트 상담은 통합과 균형을 지향한다. 기술하기 원칙은 내담자의 경험을 현상학적으로 따라가기 위한 전체 맥락 속에 있을 때 의미가 있는 것이다. 가장 중요한 것은 내담자와 접촉을 유지할 수 있도록 상담자 자신을 조율하려는 노력이다.

셋째, 수평화란 드러난 모든 자료, 즉 장의 모든 측면을 경중이나 위계 없이 동등하게 의미 있는 것으로 대하는 것이다. 내담자의 말뿐 아니라 비언어적 표현에도 관심을 기울여야 한다는 것이고, 현재 전경에 드러나는 것뿐 아니라 배경에도 주의를 기울여야 한다는 것이다. 그렇다면 언제 전경을 따라가고 언제 배경으로 주의를 옮길지를 어떻게 선택하는가? 추상적으로 들릴 수 있겠지만 이 선택은 상담자와 내담자가 상호작용하고 있는 장의 많은 요소에 달려 있다. 즉, 장 의존적이다. 하나의 팁이 있다면 어떤 것이 더 중요하고 우선된다는 위계적 가정을 갖지 않는 것은 앞서 언급한 괄호치기와 기술하기 원칙을 따름으로써 가능해지며, 괄호치기와 기술하기를 실천하면서 내담자의 현상학적 장을 함께 탐색하다 보면 무엇에 집중해야 할지 점차 선명해지는 경우가 많다. 상담자가 정답을 가지고 있어야 하는 것이 아니라, 협동적인 탐구를 통해 실제의 경험이 드러나도록 하고 호기심을 유지하는 것이 도움될 것이다.

현상학적 태도로 기존 지식을 활용하기

내담자의 주관적 장을 이해하기 위해 지금 여기에서 대화적 관계를 통해 내담자와 작업하는 상담자가 가질 수 있는 위험 중 하나는 기존의 지식을 효율적으로 활용하지 못하는 것이다. 만일 상담자가 자신의 경험과 소위 '공감 능력'에만 의존하여 내담자의 주관적 세계를 탐색하려고 한다면 오히려 내담자를 이해하는 데 한계를 가질 수 있다. 게슈탈트 상담이 현상학적 관점에 기반한다고 하여 기존의 지식 체계를 소홀히 할 필요는 없다. 특히 다양한 정신병리에 대한 지식은 상담자가 내담자의 문제 패턴을 식별하고 적절한 사례개념화를 하는 데 큰 도움을 준다. 현상학적 탐색과 대화적 관계에 기반한 게슈탈트 상담 접근은 기존 지식을 활용하는 방법과 상호 보완적인 관계에 있다.

3. 대화적 관계에 참여하기: 포함, 현전, 대화에의 전념

게슈탈트 상담은 철학적으로만 관계적인 것이 아니라 상담의 실제와 방법론에 있어서도 관계적이다. 상담자와 내담자의 만남은 정적 사건이 아니라 진행 중인 과정으로 상담 전반에 걸쳐 핵심적이지만, 특히 상담 초반에는 대화적 관계 형성을 위해 상담자가 더 적극적인 역할을 할 필요가 있다. 내담자는 상담자를 한 인격으로 대하기보다는 전문가라는 기능적 역할을 부여하고 나-그것 관계 모드에 있을 수 있으며 나-너 관계를 위해 노력할 의무도 없다. 그러나 상담자가 내담자와 만날 수 있는 자리로 자신을 조율해 가면서 기꺼이 대화에 전념할 때, 나-너 관계에 더 가까이 다가가게 될 것이다. 내담자는 대화적 관계를 통한 충분한 지지가 있을 때 상담자와의 현상학적 탐색이나 새로운 실험에 보다 적극적으로 참여하게 되고, 무엇보다 있는 그대로의 자기 자신을 수용할 수 있게 된다. 또한 새로운 관계 체험은 내담자의 암묵적 관계 지식을 변화시키는 강렬한 실존적 경험이 될 수 있으며 그 자체가 치유적이다. 이러한 실존적 만남이 노력만으로 성취될 수 있는 것은 아니지만, 적어도 상담자는 다음의 세 가지 태도를 체화할 필요가 있다.

첫째, 포함이다. 포함은 내담자의 눈으로 내담자의 세계를 보고자 하면서 공감적으로 그 세계에 들어가려는 노력이다. 상담자가 자신을 확장시켜서 최선을 다해 내담자의 경험에 참여하는 것이다. 포함을 실천하는 상담자는 내담자에게 적극적으로 영향을 받는 동시에 분리된 자기감을 유지한다. 이 점에서 포함은 융합과 구분된다. 공감과도 유사하지만 포함은 상담자가 마치 내담자의 경험이 자기 몸에서 일어나는 것처럼 실제로 느끼고 경험해 보는 것이다. 포함을 통해 내담자는 스스로를 더 잘 이해하게 되고 수용하게 된다(Hycner & Jacobs, 1995).

포함은 수용의 다른 이름이기도 한데, 게슈탈트 상담에서의 수용은 환영하고 받아들이고 확인하는 것이다. 상담자는 최선을 다해 내담자를 환영하고, 내담자가 자신에 대해 무엇을 드러내든지 받아들이며, 내담자의 존재를 확인해 준다. 또한, 내담자와의 만남이 잘 이루어질 것이고 필요한 모든 것은 장이 드러낼 것임을 믿는다(Brownell, 2010).

포함은 대화적 관계 맺기의 한 방법일 뿐 아니라 내담자에 대한 많은 정보를 제공해 준다. 상담자는 내담자가 어떻게 생각하고 느끼며 세상과 관계 맺는지를 이해할수록 내담자가 당면하고 있는 어려움을 깊이 이해할 수 있다.

포함을 실천하는 데 있어 자살 위험이 높거나 고위험 내담자와 작업할 때는 주의해야 할 점이 있다(Yontef, 1993). 대부분의 내담자는 포함을 통해 지지와 안정을 느끼지만 어떤 경우에는 자신의 절망과 무기력, 자기혐오 등이 역시 사실이며 상담자가 이를 재확인해 준다고 받아들일 위험도 있다. 특히 경계선적 성격 특성을 보이는 내담자를 대할 때는 상담자의 경험이 내담자의 경험과는 다르다는 것을 구분하여 알려 주는 것이 응급 사태를 막는 데 도움이 된다. 상담자는 "나는 당신이 느끼는 것과는 다르게 느껴요. 하지만 당신이 어떻게 느끼는지, 어떤 경험을 하는지 더 이해하고 싶어요."라고 말할 수 있겠다(Yontef, 2007).

둘째, 현전이다. 현전은 자기 자신으로서 존재하기로 결정하는 것이다. 상담자는 '진짜' 사람으로 적극적으로 존재하고자 하며 자기 자신을 진솔하게 드러낸다. 사실 상담자는 자신을 드러낼 수밖에 없기 때문에 이를 숨기려고 에너지를 소모하기보다는 전면에 드러내 놓고 내담자 앞에 진정성 있는 존재로 마주 앉는 것이 더 현실적인 선택일 것이다.

진정성 있다는 것은 무엇인가

이는 상담자로서 자신을 진솔하게 나타내는 것, 있는 그대로를 드러 내는 것이자 동시에 위험을 감수하고 자신이 선택한 것에 대한 책임을 진다는 뜻이다. 자신이 느끼는 것, 생각하는 것을 있는 그대로 허용하 고 자기 자신 및 타인과 정직하게 소통하려고 할 때 우리는 이런 태도 를 진정성이 있다고 한다. 진정성을 가지려면 상대방과 게임을 하거나 상대를 조작하려는 것을 멈춰야 한다. 자신이 원하는 것을 직접적으로 말하는 것이 더 진정성 있는 태도이다. 따라서 진정성 있는 상담자는 때로는 내담자에게 공감을 보이지만 때로는 내담자를 좌절시키고 실 망시킬 수도 있다. 친절하고 따뜻하기만 한 상담자보다 정직한 상담자 가 더 관계적이고 치료적이다. 공감과 좌절은 언뜻 양립하지 않는 것처 럼 보일 수 있으나, 이 둘은 진정성이라는 지붕 아래서 조화를 이룰 수 있다.

그렇다고 해서 상담자가 자기 기분에 따라 충동적이고 무분별하게 행동하고 완벽하게 속을 다 내보여야 한다는 것은 아니다. 상담자는 선 택적 진정성을 발휘할 수 있어야 하는데(Cohn, 1970), 이는 상담 과정 에서의 필요와 관심에 따라 자신을 표현하는 것이다. 선택적 진정성을 발휘하기 위한 중요한 전제가 있다. 즉, 상담자는 자신의 어떤 부분을 드러내려고 할 때, 그것이 내담자에게 해를 끼칠 가능성을 판단하고 임 상적 맥락을 이해할 정도의 훈련이 되어 있어야 한다. 상담자의 자기 개방은 회기 내에서 자신이 받은 영향에 대한 것과 회기 밖에서의 삶의 경험에 대한 것으로 구분해 볼 수 있는데, 전자가 더 안전한 선택일 수 있다. 상담자가 내담자의 필요, 강점과 취약점, 내담자가 받을 영향, 치 료의 과업 등을 고려하지 않고 무차별적으로 자기를 표현하는 것은 진 정성 있는 대화라고 할 수 없다.

상담자의 현전은 언어적·비언어적으로 드러나며 모든 범위의 행동과 감정을 포함한다. 상담자는 자신이 내담자와의 대화에서 어떤 영향을 받는지도 공유할 수 있다. 만일 내담자의 고통 앞에 무력함을 느낀다면 이런 경험을 내담자에게 이야기하기로 선택할 수도 있다. 이는 내담자가 상담자를 돌보게 하려는 것이 아니라, 내담자와 함께 있는 경험에 대한 영향을 기술하는 것이다. Brownell(2010)은 이런 종류의 자기 노출을 대화적 노출이라고 하였다. 초심 상담자로서 진정성 있는 자기 노출을 하지 못하고 아쉬움을 남겼던 한 내담자와의 관계가 떠오른다. 그는 상담에 올 때마다 한 주 동안 경험했던 강렬한 부정적 감정을 쏟아 냈다. 상담자인 내가 어떤 반응을 할 수 없을 만큼 쉴 새 없이 이야기를 할 때가 많았고, 자기 이야기를 상담자가 어떻게 듣고 있는지는 전혀 상관이 없는 듯했다. 나는 언제부터인가 그와의 상담이 불편해지고 감정의 쓰레기통이 된 것 같이 느껴졌다. 내담자에게 나는 다른 상담자로 대체되어도 상관이 없는 기능적인 역할로만 존재하는 것 같았다. 당시 나는 내담자에 대한 부정적 감정을 처리하려 애쓰면서, 무력하게 듣고만 있는 모습에 대해 '상담자는 내담자의 고통을 잘 들어줘야 해.'라고 합리화하고 상담자 역할 뒤에 숨어 버렸다. 그 상담은 지금도 기억에 남아 있을 정도로 많은 아쉬움을 남겼다.

상담자의 반응에 대한 공명이 전혀 없이 자기 이야기만 계속 하는 내담자에게 게슈탈트 상담자는 어떤 방식으로 현전하고자 할 수 있을까? 몇 가지 예를 제시할 수 있다. "혹시 방금 제가 한 이야

기를 들으셨나요?"라고 물어보거나 "지금 그 얘기를 저에게 하시
니 어떤가요?" "상담이 시작되고 20분 동안 화나는 감정에 대해서
계속 이야기하고 계신 것을 알고 계신가요?" "저와 대화를 하고 있
는 것이 아니라 일방적으로 감정을 쏟아내고 있는 것 같이 느껴져
요. 혹시 제 이야기가 어떻게 들리시나요?" "제 말이 당신에게는
아무 의미가 없는 것 같아서 같이 있으면서도 서로 연결되어 있는
느낌이 안 드네요." 등 다양한 방식으로 지금 여기서의 나를 진정
성 있게 드러내면서 내담자가 보여 주고 있는 과정의 의미를 탐색
할 수 있을 것이다.

게슈탈트 상담자의 현전은 자신도 결함이 있고 모순이 있는 존
재임을 인정하고 이를 실존의 한 부분으로 받아들이는 겸손함을
포함한다. 이때 상담자가 임상적 맥락을 이해하면서 현전해야 한
다는 것은 중요한 전제 조건이다. 충동적이거나 지나치게 감정에
휩쓸려 반응을 하는 것은 아닌지 판단할 수 있어야 하며, 특히 자
기애적이거나 카리스마 넘치는 방식으로 현전하는 경우를 조심해
야 한다. 심지어 매우 공감적이고 따뜻하게 돌보는 모습을 통해서
도 상담자는 자기애를 충족시키고 있을 수 있다. 이는 대화적 접
촉에 필요한 태도에 위배되는 것이다. 그러므로 상담자가 내담자
와의 관계에서 자기가 무엇을 하고 있는지 알아차리고 자신이 인
식하고 느끼고 생각하고 표현하는 모든 것에 대한 책임을 질 수
있으려면 충분한 훈련과 슈퍼비전, 개인 심리치료 등이 필요할 수
있다.

상담자의 진정성 있고 투명한 현전을 통해 내담자는 상담자가

자신을 속이거나 이용하지 않을 것이며 진짜 존재임을 믿게 되고 대화에 참여하게 된다. Brownell(2010)이 소개한 다음의 예시는 이를 잘 보여 주고 있다.

한 어머니가 학교폭력을 선동한 청소년 아들을 데리고 왔다. 내담자는 피해 학생을 유인해서 자기 일행이 있는 곳으로 데려 가는 역할을 했고, 친구들이 피해 학생의 팔을 뒤에서 잡고 괴롭힐 때 내담자도 이에 동조하였다. 내담자가 이 이야기를 하면서 히죽히죽 웃을 때 나는 분노가 치미는 것을 느꼈다. 나는 피해를 당한 학생에게 강한 연민을 느꼈고 내가 느끼는 분노를 충분히 드러내기로 하였다. "그 얘기를 들으니 정말 화가 나는구나! 만일 누군가 너에게 그런 짓을 했다면 난 정말 싫었을 거야." 나는 내 말과 일치하는 감정을 실어서 말했고 내담자는 내 행동에 깜짝 놀랐다. 잠시 후 내담자의 감정이 변했고 기분이 가라앉았다. 다음 회기에서 내담자는 냉담하고 우쭐대는 태도를 내려놓고 학교에서 자기가 경험하는 고통에 대해 나누기 시작했다 (Brownell, 2010, p. 108).

셋째, 대화에의 전념이다. 이는 대화의 내용이나 목표에 초점을 맞추는 것이 아니라 상담자와 내담자 간에 이루어지는 대화 과정에 모든 것을 맡기는 것을 말한다. Yontef(2007)는 '사이(the between)'에의 전념이라는 표현을 쓰기도 하였는데, 이는 상담자와 내담자 간의 상호작용 속에 출현하는 것을 믿고 그것을 허용한다는 의미이다. 상담자는 자신이 내담자를 위한 최선이 무엇인지를 알고 있는 것이 아니라, 자신을 대화에 맡기고 대화에 전념하면 성장과 치유를 위한 최선의 상황이 창조된다고 믿는다(Yontef, 2007). 이는 무책임하게 내담자가 이끄는 대로 따라간다는 것이 아니라 대화가 이끄는 곳으로 저항하지 않고 간다는 뜻이다. 구체적으로 상담자는 내담자와의 대화에서 무엇이 드러나고 경험되든지 간에, 심지어 불안이나 짜증, 지루함 등이 나타난다 해도 이에 저항하거나 도망치지 않는다(Brownell, 2010).

이것이 가능하려면 상담자가 불확실성을 견디고 기다릴 수 있어야 한다. 또한 자신이 완전하지 않고 틀릴 수도 있음을 받아들여야 한다. 이는 상담자에게 매우 불안을 야기할 수도 있지만 사실 큰 자유와 겸손을 선사한다. 이제부터 일어날 일에 대해 상담자만 일방적으로 책임이 있다는 태도를 내려놓게 해 주고, 상담자도 대화에 영향을 받으며 대화에 참여해 갈 수 있기 때문이다. 상담자가 진실이라고 믿는 것은 괄호치기가 되고 상담자의 해석은 잠정적이고 가벼운 것으로 여겨진다. 내담자에 대한 진실은 현상학적 탐색과 대화적 상호작용을 통해서 발견되고 수정된다 (Yontef, 2007).

이러한 세 가지 태도를 체화한다는 것은 생각보다 어려운 일일 수 있다. 우리는 지식을 사용하여 내담자를 분류하고 추론하는 방식에 매우 익숙해져 있고 상담자의 지적 이해와 합리적 분석을 가치 있게 평가해 왔기 때문에 자기 자신으로 존재하며 내담자를 열린 마음으로 만날 공간을 가지고 있지 않을 때가 많다. 또한 주로 언어로 의사소통하는 데 길들여져 있어서 전체 존재로서의 소통에는 서툴기도 하다. 내담자와 대화를 하는 순간에도 문제가 무엇인지 찾고 어떤 개입이 좋을지를 계산하느라 끊임없이 분주하기도 하다. 어떤 때는 포함도 실천하고 있고 현전하는 것도 같지만 내담자와의 대화를 통해 영향받는 것은 허용하지 않을 수도 있다. 즉, 내담자와 상담자 '사이'에 일어나는 것에 항복하지 않는다. 대화에의 전념이 뜻하는 바는, 의도적으로 접촉을 만들어 내고 결과를 통제하려고 하기보다는 접촉이 일어나도록 허용하는 것이다. 이렇게 할 때의 이점 중 하나는 치료자도 변화하고 성장한다는 것이다.

다시 한번 강조하자면 나-너 만남은 나의 힘과 의지로 성취되는 것이 아니다. 그러나 나 없이 이루어질 수도 없다. 따라서 상담자는 최선을 다해 현전하고 포함하며 대화에 전념해야 한다. 그러면서 은총과 같이 임하는 것, 선물로 주어지는 나-너 만남을 기대하고 기다린다.

대화적 접촉을 위한 가이드 라인

대화적 접촉을 위해 상담자가 실제 상담 현장에서 포함, 현전, 대화에의 전념을 어떻게 실천해야 하는지 아직도 다소 모호하게 느껴진다면 Yontef(2007)의 가이드 라인을 참고하기 바란다. Yontef가 내담자와의 대화적 접촉을 촉진하기 위해 제안한 방법 중 몇 가지를 소개하면 다음과 같다.

• 상담자로서 해야 할 가장 중요한 과업은 알아차림 증진이라는 것을 기억하기

내담자가 겪고 있는 어려움의 원인을 찾거나 소위 바람직한 방향으로 바꾸기 위해 노력하기보다는 현재 내담자가 있는 곳에서 알아차림을 증진시키기 위해 노력하는 것이 상담자의 우선 과제이다. 그러려면 '왜'를 묻기보다는 '어떻게'와 '무엇'을 질문하는 것이 도움이 된다. 예를 들면, "지금 무엇을 경험하고 있나요?" "지금 그것을 어떻게 경험하고 있나요?"와 같은 질문이다.

• 상담자와 내담자 경험의 차이를 활용하기
내담자가 자신에 대해 느끼고 경험하는 것과 상담자가 내담자에 대해 느끼고 경험하는 것이 다를 수 있다. 자기 부정이나 자기 혐오에 휩싸여 있는 내담자의 경우, 자신의 경험을 상담자와 공유하기에는 너무 수치스럽다고 느끼고 개방하기 어려워할 수 있다. 이런 경우 상담자가 내담자의 경험과 불일치하는 자신의 경험을 공유하는 것은 내담자의 수치심을 완화시켜 주고 현상학적 탐색을 시작하도록 도와준다.

• 고정관념 대신 호기심을 갖기
상담자는 내담자가 보고하는 경험을 타당하다고 간주하고 상담에 임해야 한다. 내담자의 실제 경험을 궁금해하고 열린 태도로 탐색하는 것은 내담자가 자신에 대해서 더 풍부한 알아차림을 발전시키도록 도와준다. 상담자의 호기심을 통해 내담자 역시 자신의 경험에 대해 더 알고자 하고 이해하고자 하는 태도가 고양되기 때문이다.

• 내적 갈등과 양극성에 개방적이 되기
내담자는 상호 모순되는 갈등과 공존하기 어려운 양극성을 가지고 상담자에게 올 수 있다. 변화하고 싶으면서 동시에 변화에 저항하고, 무언가를 원하지만 동시에 죄책감을 느끼기도 한다. 이 모든 내적 갈등과 양극성에 대해 열린 마음으로 탐색을 하면 각 측면이 가지고 있는 타당성이 드러나고 내담자는 자기 자신을 더 알아차리고 수용하게 될 것이다.

- 이론 기반 개입보다는 경험 기반 개입을 하기

  상담자가 어떤 개입을 할지 선택할 때, 이론에서 나온 가설이나 해석에만 의존하기보다는 현상학적 탐색과 내담자와의 상호작용 속에서 지금 여기에서 펼쳐지고 있는 감각과 감정에 초점을 맞추는 것을 권한다. 내담자는 상담자의 권위와 해석에 의존하기보다 자신이 실제 무엇을 하고 있는지를 스스로 발견하고 경험할 필요가 있다.

- 에너지의 흐름에 주목하기

  어떤 에너지가 어떻게 출현하고 펼쳐지며 멈추는지 에너지의 흐름에 주목해 보기 바란다. 활력이 느껴지기 시작했는가? 슬픔이 나타나다가 갑자기 멈췄는가? 내담자는 어떻게 슬픔을 막고 있는가? 흥분이 시작되었다가 분노로 변화하고 있는가? 에너지의 흐름과 패턴을 알아차리면 내담자의 접촉과 알아차림 주기가 어떻게 진행되고 있고 무엇이 방해하는지를 이해하게 된다.

- 상담 환경을 고려하기

  내담자와 어떻게 접촉을 할지, 어떤 개입을 할지 선택할 때 상담이 제공되는 환경과 맥락을 고려해야 한다. 기관마다 서비스를 제공하는 데 있어 제한점이 있을 수 있다.

- 대화적 관계와 적극적 개입 간 조화를 이루기

  내담자와 접촉하는 것과 실험이나 기법을 사용하여 적극적으로 개입하는 것은 서로 배치되는 것이 아니다. 실험은 내담자의 행동을 직접적으로 변화시키기 위한 것이 아니라 내담자를 이해하기 위한 탐색 과정이다. 실험의 가치는 미리 정해 놓은 목표를 달성하느냐가 아니라 새로운 이해를 추가했느냐에 달려 있다. 기법과 실험 역시 관계적일 수 있으며 대화적 관계에서 알아차림과 접촉의 질이 중요한 것처럼 실험에서도 마찬가지이다. 대화적 관계는 게슈탈트 상담의 핵심이며 공감적 접촉 없이 상담의 효과는 매우 제한적이다. 하지만 창조성 없는 공감적 접촉 역시 제한적이다. 상담자가 내담자와 대화적 관계를 맺으면서 자신의 창조성을 충분히 발휘할 때 상담은 가장 효과적이다.

4. 장을 드러내기

장 이론은 게슈탈트 상담의 이론인 동시에 방법이다. 따라서 내담자를 이해하는 수단일 뿐 아니라 내담자와 작업하는 도구이기도 하다. 실제 상담 과정에서 장 이론을 적용할 때는 다음의 순서를 따를 수 있다(Mackewn, 1997).

먼저, 상담자는 내담자의 고정된 게슈탈트가 어떻게 장을 조직화하고 있는지를 이해할 필요가 있다. 내담자는 현재 장을 과거 경험, 욕구, 감정, 기대 등에 따라 조직화하는데, 예를 들어 타인에 대해 경계심을 갖고 의심하는 경향이 있는 내담자는 상대방의 중립적인 행동도 공격적으로 해석하기 쉽다.

내담자가 어떻게 장을 조직화하는지를 탐색할 때는 현재를 전경에 두고 출발하면 된다. 즉, 우선 지금 여기에서 무엇이 일어나는지에 관심을 갖고 내담자의 경험을 따라간다. 상담을 진행하다 보면 종종 과거의 미해결 과제가 현재에 드러나기 마련인데, 이때 게슈탈트 상담자는 단순히 과거를 재방문하는 방식을 취하지 않는다. 미해결 과제를 둘러싼 장 조건에 변화가 없는데 단지 그 사건을 회상하고 이야기하는 것은 큰 의미가 없을뿐더러, 경우에 따라서는 재외상화를 초래하기 하기 때문이다. 사실, 경험 그 자체가 상처가 된다기보다는 고통스러운 경험과 관련된 감정이 위로받고 수용되지 못할 때 문제가 된다. 따라서 과거의 사건을 다룰 때 중요한 것은 그 사건을 다루는 현재의 장 조건에 변화가 필요하다는 것이다. 이때 필요한 필수적인 변화는 보다 지지적이고 안전한 환경을 제공하는 것이다. 그런 조건하에서 내담자는 과거의 미해결 과제를 새롭게 통합하여 완결시킬 수 있다.

다음으로, 상담자와 내담자는 현재 변화된 장 조건하에서 함께 과거를 탐색한다. 상담자는 내담자가 세상을 구성하는 방식에 융합되지 않으면서도 내담자의 방식을 존중하는 태도를 가지고 현상학적 탐색을 이어 간다.

그런데 내담자의 미해결 과제 및 이와 관련된 고정된 게슈탈트가 다시 지금 여기에서 생생하게 떠오르고 그 경험과 충분히 접촉하는 과정에서, 내담자는 미해결 과제를 완결시키고자 하는 욕구와 함께 두려움이나 위협을 느낄 수 있다. 상담자는 이러한 내담자의 감정을 존중하면서 안전한 응급 상황(safe emergency)을 제공하고자 노력해야 한다(Polster & Polster, 1973).

내담자가 명시적으로 표현하는 내용과 장에서 암묵적으로 드러내고 있는 것이 다를 수도 있다. 예를 들어, 어린 시절에 가정 폭력에 노출되어 제대로 보호받지 못했던 내담자가 "사실 저는 힘들었다고 할 수도 없어요. 제일 큰 희생자는 엄마인 걸요. 저는 직접 맞은 것도 아니니까요."라고 말하지만, 그 말을 하면서 지금 여기에서 드러나는 과정, 즉 표정과 목소리, 상담자를 대하는 태도 등이 여전히 힘든 상태를 나타낼 수도 있다. 이때 게슈탈트 상담자는 내용뿐 아니라 과정까지 포함하여 장 전체를 드러내야 한다.

마지막으로, 이제는 유용하지 않고 낡은 것이 된 경직된 방법, 장을 경험하고 조직화하는 고정된 방식을 느슨하게 만들어 주어 현재 상황에 맞는 방식을 선택하도록 도와준다(Mackwun, 1997).

장 이론의 적용을 위한 가이드 라인

1. 전체에서 부분으로 작업해 가라. 환경, 과거력, 문화에 주의를 기울이고 여러 관점에서 현상을 생각하라. 모든 것은 연결되어 있기 때문이다.
2. 과정으로서의 자기를 고려하라. 개인은 항상 유동적인 장의 일부이다.
3. 장이 어떻게 조직화되어 있는지를 보라. 내담자의 욕구와 흥미가 장을 조직화한다.
4. 변화의 역설 원리를 따르라. 무엇이 일어나게 하려고 하기보다는 일어나는 일을 허용하라.
5. 부분과 전체의 관계에 신경 써라. 첫 번째 원리와 반대로, 부분이 전체보다 더 비중이 클 때가 있다.
6. 지금 여기에서의 실제 장을 보라. 어떻게 항상성을 유지하는지, 양극화가 일어나는지, 성장이 일어나는지 등 장이 펼쳐지는 패턴을 보라.
7. 응급한 창조의 길을 만들라. 창조성은 장 본연의 특성이다. 현재의 장이 드러내는 것을 따라가면서 응급 상황으로 한 걸음 더 들어가라.

O'Neill과 Gaffney(2008)는 장 이론을 상담 실제에 적용할 때 다음의 일곱 가지 원리를 기억하는 것이 도움이 된다고 하였다.

5. 실험 제안하기

게슈탈트 상담은 체험적인 접근을 취한다. 따라서 내담자가 지금 여기에서의 자기 자신을 최대한 경험하고 알아차리도록 돕고자 한다. 내담자의 다채롭고 독특한 현상학적 장을 탐색하고 다룰 때 실험만큼 좋은 방법은 없다. 장은 항상성을 유지하려고 하는데, 의도적인 새로운 실험을 통해 장에 변화가 생기면 내담자 장을 이해하는 데 도움을 얻을 수 있다. 또한 내담자가 알아차리기 위해서는 단지 기억을 떠올리기보다는 행동으로 옮겨서 실제 몸으로 경험하는 것이 필요한데 실험이 그것을 가능하게 해 준다(Brownell, 2008; Mackewn, 1997).

실험의 영역은 신체적 · 정서적 · 행동적 영역에 걸쳐 광범위하고 손가락 하나를 조금 움직여 보는 것처럼 간단한 것에서부터 소리 없이 흐르고 있는 눈물에 목소리를 부여해서 말을 해 보게 하는 것에 이르기까지 창의성과 상상력에 의해 무궁무진하게 확장될 수 있다. 생각뿐 아니라 감정, 신체 감각, 목소리, 호흡, 자세 등 많은 것을 체험하고 알아차릴수록 자기에 대해 많은 것을 배우게 된다.

실험은 특정한 결과를 유도하려는 목적을 갖지는 않지만 종종 실험을 통해 미해결 과제가 해소되고 알아차림 접촉 혼란이 극복된다. 상담자가 실험을 통해 안전한 응급 상황을 만들어 주면, 내담자는 실제 삶에서 새로운 행동을 시도해 볼 용기를 얻고 내면의 힘과 접촉하면서 자신의 경험에 대해 보다 확고한 책임을 갖게 된다.

한 가지 주의할 점은 실험 외에도 내담자와 상담할 수 있는 방법은 많이 있기 때문에 불필요하게 실험을 적용할 필요는 없다는 것이다. 상담자가 자신의 불안에서 벗어나기 위해, 혹은 전문가로서 무언가 하고 있다는 안도감을 느끼기 위해 실험을 사용한다면 이는 오히려 게슈탈트 상담의 실험 정신에 위배되는 것이다.

앞서 언급했듯이 실험은 상담 과정 속에서 장의 필요에 따라 자연스럽게 창조되는 것으로, 미리 정해진 매뉴얼을 따라 기계적으로 적용하는 것은 진정한 의미의 실험이라고 할 수 없다. 무엇보다 게슈탈트 상담은 기법을 사용하기 이전에 대화적 관계 자체가 치료적이라는 것을 강조하는 접근이다. 대화는 그 자체가 이미 하나의 실험이어서 대화를 통해 많은 현상학적 탐색 자료가 드러나게 된다. 게슈탈트 상담에서 많이 알려진 빈 의자 기법과 같은 극적인 방법보다 더 근본적으로 필요한 것은 상담자와 내담자 사이에 대화적 관계를 형성하는 것임을 기억할 필요가 있다.

실험을 할 때는 몇 가지 단계를 거치는 것이 필요하다. 간혹 상담자가 너무 주도적이거나 갑작스럽게 실험을 진행하는 경우가 있는데, 상담자가 실험을 제안하는 맥락이나 내용을 내담자에게 충분히 이해시키지 못한 상태에서는 실험이 제대로 이루어지기

대화적 관계 내에서 실험을 하기 위한 가이드 라인

• 호기심과 궁금증 갖기

실험은 새로운 행동을 해 보고 무슨 일이 일어나는지, 어떤 경험을 하게 되는지를 탐색하도록 격려하는 모든 시도를 의미한다. 실험은 내담자의 주관적 경험을 더 깊이 이해하고 대안적인 가능성을 탐색하기 위해 내담자와 상담자가 함께 협력하는 노력이지 미리 목표를 설정해 놓고 하는 것이 아니다. 따라서 실험을 할 때 상담자에게 필요한 기본적인 자세는 '만일 ~을 하면 어떤 일이 벌어질까?'라는 호기심과 궁금증이다.

• 이미 있는 것 활용하기

많은 실험은 완전히 새로운 무언가를 외부에서 가져오는 것이 아니라 이미 과정 중에 존재하는 것을 재료로 한다. 따라서 어떤 문제를 해결하거나 내담자의 행동을 통제하기 위해 의도적으로 실험을 고안하려고 하지 말고, 대화 과정에 집중하면서 드러나는 것에서 아이디어를 얻도록 하라.

어렵다. 또는 내담자가 불편감이나 저항감을 나타내어 실험의 시작 자체가 어려워질 수도 있다.

첫째, 상담자는 실험이 필요한 상황인지를 파악하고 판단해야 한다. 상담 회기 내에서 내담자의 미해결 과제나 양극성의 갈등 등이 드러나는 경우 실험이 필요할 수 있다. 예를 들어, 오해로 사이가 멀어진 친구에게 미처 미안한 마음을 표현하지 못해 오랜 시간 괴로워했다는 것이 밝혀지거나, 언제나 바르고 모범적이어야 한다는 상전의 목소리에 짓눌려 살았으나 다른 한편에서는 틀에 박힌 자신의 모습이 답답하게 느껴지고 벗어나고 싶은 마음이 있다는 것이 드러나는 경우가 될 것이다.

둘째, 상담자가 실험을 제안하기에 앞서 내담자가 실험을 시도해 볼 의향이 있는지 확인할 필요가 있다. "실험을 한번 해 보았으면 하는데, 빈 의자에 그 친구가 앉아 있다고 생각하고 하고 싶었던 말을 해 볼 수 있겠어요?"라고 물어보는 것이다. 어떤 내담자는 빈 의자를 향해 말을 한다는 것을 매우 엉뚱하고 이상한 행동으로 받아들일 수도 있다. 따라서 상담자가 내담자에게 무조건 해 보라고 요청하기보다는 의사를 묻고 확인하는 단계를 거침으로써 내담자가 좀 더 편안하게 실험을 받아들일 수 있도록 도울 수 있다.

내담자가 자발적으로 선택하고 있는지, 충분히 준비가 되었는지, 혹시 지금도 망설이고 있다면 무엇 때문인지를 확인하는 것도 도움이 된다. 또한 망설이고 머뭇거리는 태도가 곧 내담자의 주제를 드러내는 것일 수도 있다. 예를 들어, 한 내담자는 상담자가 실험을 제안하자 대답 대신 문득 떠오르는 장면이 있다면서 예전에 연인과 함께 여행을 가고 싶었으나 보수적인 집안 분위기 때문에 결국 가지 못했다는 이야기를 하였다. 이때, 상담자는 두 가지의 선택을 할 수 있을 것이다. 하나는 실험 제안을 철회하고 이야기의 내용을 따라 그 사건과 관련된 내담자의 미해결 과제를 탐색하고 해소하도록 돕는 것이다. 또 다른 선택지는 과정에 주목하는 것이다. 즉, 지금 여기에서 무엇이 일어나고 있는가를 보는 것이다. "왜 지금 그 이야기가 떠오른 것 같나요?"라고 묻자 내담자는 살아오면서 비슷한 일이 종종 있었다면서 망설이다가 아쉬움을 남겼던 일련의 에피소드를 이어서 이야기하였다. 이때 상담자는 가설을 세울 수 있다. 내담자가 새로운 실험을 제안받은 상황에서 망설이다가 후회했던 과거의 사건들이 떠올랐고 이것은 현재의 상황과 무관하지 않다는 것이다. 어쩌면 지금 여기에서 내담자의 익숙한 패턴이 다시 작동하고 있을 수도 있다. 상담자는 "혹시 지금 여기서는 어떤 것 같나요? 마음 한편에서는 해 보고 싶기도 하지만 결국 뒤로 물러나서 아쉬움을 남기는 일이 여기서도 일어나고 있는 것은 아닌가요?"라고 질문해 볼 수 있을 것이다.

셋째, 내담자가 상담자의 제안을 수락하여 실험이 시작되면 상담자의 촉진적인 반응이 필요하다. 내담자가 빈 의자에 앉아 있는 친구를 충분히 생생하게 떠올릴 수 있도록 "친구가 어떤 표정일 것 같나요?" "어느 정도 거리가 적당한 것 같나요?" 등을 질문할 수도 있고, 막상 빈 의자를 향해 앉았지만 무슨 말을 어떻게 시작해야 할지 막막해하면 "이름을 한번 불러 보시지요."라고 제안하거나 "친구와 마주 앉으니 지금 어떤 말이 떠오르나요?"라고 질문할 수도 있다. 상담자는 실험이 진행되는 동안 내담자가 표현한 말 중에서 중요하게 들리는 부분을 포착하여 "그 말을 다시 한번 해 보세요." 또는 "친구에게 어떻게 미안했는지 더 이야기해 주세요."라고 말하는 식으로 내담자를 격려한다.

넷째, 실험이 끝나고 나면 내담자가 '지금 여기'에서 어떤 경험을 하는지를 확인한다. "친구에게 미안한 감정을 표현하고 나니 어떤가요?" "지금 빈 의자를 향해 아주 가까이 앉아 있네요. 어떻게 하고 싶은가요?" 등을 묻는 것이 예가 될 수 있다. 실험이 끝난 후에는 내담자의 현재 경험을 탐색해 가면서 실험을 통해 무엇을 알아차리고 접촉했는지 확인하는 것이 반드시 필요하다.

다음으로 실험을 어떻게 활용하는지 보다 구체적으로 이해할 수 있도록 몇 가지 예를 제시하고자 하는데, 모든 실험에는 대화적 관계가 스며들어 있어야 한다는 전제를 다시 한번 밝혀 둔다.

1) 알아차림

알아차림은 게슈탈트 상담의 목표이자 그 목표를 이루는 수단이기도 하다. 상담자의 모든 개입은 알아차림을 촉진하는 실험의 일부라고 볼 수 있으며 알아차림을 통해 알아차림에 이르도록 돕는다. 어떻게 이것이 가능한가? 이는 집중력 훈련을 통해 집중력을 향상시키는 것과 마찬가지이다. 상담 초반에는 알아차림이 충분치 않더라도, 점진적으로 알아차림에 초점을 맞추어 가면서 더 생생하고 풍부한 알아차림에 이르게 된다. 알아차림을 증진시키기 위한 특정 방법이 정해져 있는 것은 아니다. 상담자는 자신의 창조성이 허락하는 한 다양한 방법을 사용할 수 있는데, 여기에서는 몇 가지 예를 제시해 보겠다.

가장 기본적인 방법은 내담자의 알아차림을 촉진하는 질문을 하는 것이다. 특히 세 가지의 질문이 유용한데, "지금 무엇을 하고 있나요?" "지금 무엇을 느끼나요?" "지금 무엇을 원하나요?"(Perls, 1973)이다. 이런 질문에 답하는 과정에서 내담자는 점차 더 많은 것을 알아차릴 수 있게 된다. 또한 상담자가 내담자를 세심하게 관찰하면 눈으로 보고 확인할 수 있는 것이 많아지는데, 이러한 관찰 내용을 바탕으로 질문을 하는 것도 좋은 방법이다. 만일 내담자가 목소리가 매우 작아지면서 고개를 숙이며 말을 하는 것이 관찰되면, 상담자는 "지금 자신의 목소리가 어떤지 알아차리고 있나요?"라고 질문함으로써 내담자의 알아차림을 촉진할 수 있다.

상담자는 내담자의 알아차림을 증진시키기 위해 특정 현상에 주의집중하도록 독려할 수도 있다. 많이 사용되는 방법 중 하나는 호흡에 집중하도록 하는 것이다. 이때 자신이 숨을 쉬고 있다는 것을 단지 알아차리도록 하는 것이지 숨 쉬는 방법을 바꾸려고 할 필요는 없다. 호흡에 집중하고 알아차리는 것은 가장 기본적인 방법 중의 하나이며, 호흡뿐 아니라 보디 스캔(body scan)을 통해 몸 안의 에너지 흐름, 고통이 느껴지는 부위, 어떻게 그 고통이 느껴지는지를 알아차리게 도와줄 수도 있다. 특정 신체 부위, 오감각 중 한 가지, 생각, 느낌 등에 집중하고 현재 무엇을 알아차리는지 질문할 수 있다. 이때 내담자가 알아차리지 못하는 영역이 있으면 어떻게 알아차림을 차단하고 있는지를 알아차리도록 도울 필요가 있다.

알아차림의 영역을 환경, 신체 감각, 감정과 욕구, 생각, 행동 등으로 나누어 각 영역별로 알아차림 증진 훈련을 시도해 볼 수도 있다.

- 환경 알아차림: 환경에 대한 알아차림은 비교적 쉽게 접근이 가능하여 알아차림 증진 과정의 초기에 시도해 볼 만하다. 이

는 물리적 환경에 대한 알아차림을 말하는 것으로 주변에서 무엇이 보이고 들리는지, 어떤 냄새가 나는지 등 오감각을 통해 접촉할 수 있는 것들이다. 상담자는 내담자에게 오감각을 통해 환경에서 알아차려지는 것을 차례대로 말해 보도록 안내할 수 있다.

• 신체 감각 알아차림: 환경 다음으로 알아차림의 대상으로 초점 맞추기 용이한 것이 신체 감각이다. 생각이나 욕구, 감정과 같은 내적 현상은 시공간을 초월한다. 어린 시절 친구들에게 따돌림을 당하면서 느꼈던 외로움에서 다음 달에 있을 취업 면접에 대한 불안과 염려로 순식간에 이동하며 과거와 미래를 넘나든다. 그러나 몸은 철저하게 시간과 공간의 제약을 받으며 지금 여기에만 있을 수 있다. 따라서 신체 감각에 머무는 것은 우리를 지금 여기에 있을 수밖에 없게 해 준다. 감정이나 욕구를 알아차리는 것을 어려워하는 내담자도 신체 감각은 좀 더 수월하게 알아차릴 수 있다. 또한 신체 감각을 알아차릴수록 욕구나 감정 알아차림도 자연스럽게 연결되는 경우가 많다. 예를 들면, 어깨가 굳어 있고 뒷목이 뻣뻣하다는 것을 알아차린 내담자는 뒤이어 쉬고 싶다는 욕구를 금방 알아차리게 된다. 혹은 가슴이 빨리 뛰면서 호흡이 가빠지고 두 주먹에 힘이 들어가는 것을 알아차린 내담자는 내면의 분노 감정을 더 잘 알아차릴 수 있다.

• 감정과 욕구 알아차림: 감정과 욕구는 매우 밀접한 관계가 있어서 보통 감정을 알아차리면 욕구 알아차림이 뒤따르게 된

다. 감정에는 본래 좋고 나쁨이 없으나 일상에서는 긍정 감정과 부정 감정으로 분류하곤 하는데, 이때 긍정 감정이란 욕구가 충족되었을 때 수반되는 감정이고 부정 감정이란 욕구가 좌절되었을 때 경험하는 감정이라 할 수 있다. 그러나 게슈탈트 상담자는 내담자의 감정을 분석하고 분류하기보다는 이면의 감정을 알아차리도록 안내해야 한다. 이때, "요즘은 주로 우울하다고 느껴요."라는 식의 포괄적이고 일반적인 감정 알아차림에 그칠 것이 아니라 지금 여기에서 느끼는 구체적 감정을 묻는 것이 도움이 된다. 마찬가지로, 추상적이고 막연한 욕구가 아니라 구체적이고 명확하게 지금 원하는 것이 무엇인지를 알아차리도록 하는 것이 좋다. "쉬고 싶어요."보다는 "한 시간 정도 낮잠을 자고 싶어요."가 더 구체적인 욕구 알아차림이라고 할 수 있다.

상담자가 유의해야 할 점 중 하나는 내담자가 정확한 감정을 알아차리고도 그 감정에서 금세 멀어지는 경우가 종종 발생한다는 것이다. 상담자는 내담자가 감정에 좀 더 머무르면서 감정 알아차림을 이어 갈 수 있도록 안내해 주어야 하는데, 감정을 피하지 않고 있는 그대로 알아차리고 머무르게 되면 자연스러운 순환 속에서 새로운 감정이 나타날 수 있고 그 과정 자체가 치료적이다.

• 생각 알아차림: 감정, 욕구와 더불어 생각은 대표적인 인간 내적 경험이다. 특정 경험이나 상황을 어떻게 해석하고 받아들이는지, 어떤 의미를 부여하는지는 모두 생각과 관련되어 있

다. 같은 사건을 경험했다고 해도 그 사건에 대한 반응은 매우 다를 수 있는데, 이때 내담자가 어떤 생각을 했는지 알아차리는 것만으로도 도움이 되는 경우가 있다. 교내 공모전에서 탈락한 후 자신이 가치 없고 무기력하게 느껴진다고 호소하는 대학생 내담자는 '나는 제대로 하는 일이 하나도 없어.'라는 생각을 했을 수 있다. 더 나아가 다른 상황에서도 '나는 해봤자 안 돼.' '나에게 행운이 따를 리가 없지.' '유능하지 않은 인간은 쓸모가 없어.' 등 일정한 패턴을 보이며 비슷한 방식으로 생각한다는 것을 알아차리게 될 수도 있다. 이와 같은 생각은 내담자에게 새롭고 낯선 것이 아니라 매우 익숙한 것일 가능성이 높으며 내사와 관련되어 있을 수 있다. 게슈탈트 상담자는 내담자가 알아차린 생각의 내용에 직접적으로 개입하여 타당성을 검증하거나 그 내용을 변화시키려 하기보다는 내담자의 생각이 형성된 배경을 함께 탐색하면서 관련된 미해결 과제나 감정, 욕구, 신체 감각 등을 더 선명하게 알아차리도록 돕는다.

• 행동 알아차림: 인간 경험은 신체 감각, 감정, 생각과 더불어 행동적 요소를 포함하고 있다. 예를 들어, 불안이라는 경험은 신체적으로는 호흡이 가빠지고 근육이 경직되는 것, 감정적으로는 불안과 걱정, 염려 등을 느끼는 것, 인지적으로는 '나는 잘 해내지 못 할 거야.' '사람들은 내 무능함을 알고 실망할 거야.'라는 생각, 그리고 발표를 해야 하는 수업은 아예 수강신청을 하지 않거나, 발표할 때 청중을 전혀 바라보지 않고

빨리 끝내 버리는 행동으로 설명될 수 있다. 따라서 내담자는 신체 감각, 감정, 생각 못지않게 자신이 특정 상황에서 어떻게 행동하는지를 알아차릴 필요가 있다.

행동 알아차림은 또 다른 실험으로 연결될 수도 있다. 집단 상담 상황에서 일어난 한 예를 소개하면 다음과 같다. A라는 집단원이 집단 안에서 소외감을 느끼고 있다고 하였다. 그러자 다른 집단원들이 관심을 보이며 다양한 피드백이 오갔는데, B는 침묵을 지키며 침울한 표정으로 앉아 있었다. 집단 리더가 B에게 지금 어떤 경험을 하고 있는지 묻자, "사실 저도 집단 안에서 외롭고 소외된 감정을 느끼고 있어요. 그렇지만 그런 마음을 표현하지는 못했는데, A가 다른 집단원들에게 관심을 받는 모습을 보니 부러운 마음이 들어요. 그리고 나도 관심을 받고 싶어요."라면서 자신의 감정, 욕구, 행동을 알아차렸다. 이때 집단 리더는 B가 이전에 하지 않았던 새로운 행동을 해 보도록 실험에 초청할 수 있다. 예를 들어, "누구에게 가장 관심을 받고 싶나요? 한번 그 사람에게 직접 원하는 것을 이야기해 보실래요?"라고 권할 수 있을 것이다.

2) 언어 자각

게슈탈트 상담에서는 내담자의 언어 사용 방식을 주의 깊게 관찰한다. 언어는 접촉을 위한 강력한 수단이며 언어 사용 방식에는 다양한 특성이 드러나곤 한다. 내담자가 언어를 어떻게 사용하느냐에 따라 언어가 알아차림과 접촉, 책임을 차단할 수도 있는데, 이런 경우 상담자는 내담자의 언어 사용 방법을 바꾸어 보는 실험을 권유할 수 있다.

- '나' 대 '너': 책임 회피적이고 접촉을 차단시키는 언어 사용 중 하나는 주어를 명확히 하지 않거나 생략하여 말하는 경우이다. 게슈탈트 상담자는 종종 내담자에게 '우리는' '당신이' '그 사람이' 대신 '나는'이라는 주어를 넣어서 다시 말하도록 요구한다. 예를 들어, "엄마는 내가 그 사람과 결혼하는 것을 원치 않았어요." 대신 "나는 그 사람과 결혼하는 것을 원치 않았어요."라고 말해 보도록 하는 것이다.
- '하고 싶다' 대 '해야만 한다': '해야만 한다' 등의 당위적인 표현을 '하고 싶다'로 바꾸어 말하도록 함으로써 욕구나 행동에 대한 책임이 자기 자신에게 있음을 자각하도록 도울 수 있다.
- 질문 대 서술문: 종종 질문은 문제를 회피하기 위해 사용된다. 따라서 상담자는 질문을 효과적으로 다룸으로써 내담자가 자신의 내면 경험이나 감정을 회피하지 않고 접촉하도록 도울 수 있다. "사는 게 원래 힘든 것 아닌가요?"라고 의문형으로 묻는 내담자에게 "사는 게 힘들어요."라는 서술문으로 바꾸어 말하도록 요청하는 것이 한 방법이다.
- 그리고 대 그러나: "가지 않으려고 했지만……." "화내고 싶지 않았지만……." 등 문장 사이에 "그러나"를 자주 사용하는 경우에는 "그러나" 대신 "그리고"를 사용하여 말해 보도록 하기

도 한다.

- 능동태 대 수동태: "한숨이 나와요." 대신 "나는 한숨을 쉬어요."라고 말하게 한다거나, "그 순간 화가 올라온 거예요." 대신 "그 순간 나는 화를 냈어요." 또는 "내가 초라하게 느껴졌어요." 대신 "나는 자신을 초라하게 느꼈어요."라고 말해 보도록 함으로써 자신의 경험에 대한 선택과 책임을 보다 명확히 알아차리도록 도울 수 있다.

- 간결하게 말하기: 말을 너무 장황하게 하거나 수식어를 지나치게 많이 사용하여 의미를 명확히 전달하지 못하는 내담자에게는 정말 하고 싶은 말이 무엇인지 한두 문장으로 간단하게 말해 보라고 할 수 있다.

3) 빈 의자 기법

빈 의자 기법은 게슈탈트 상담의 가장 대표적인 실험 중 하나이다. 빈 의자 기법을 통해 과거의 미해결 과제를 다루거나, 내담자가 외부로 투사한 욕구나 감정을 알아차리는 작업을 하기도 하고, 대인관계 문제와 관련된 이슈를 다루기도 한다. 내담자는 빈 의자에 상대방이 앉아 있다고 상상하고 직접 대화를 나눌 수도 있는데, 특히 사별을 했다거나 어떤 이유로든 현재는 직접 접촉할 수 없는 대상과의 작업을 할 때 유용하다. 그러나 때로는 현실적으로 만날 수 있는 상대라고 해도 상담 회기 중 빈 의자 기법으로 작업하는 것이 훨씬 안전하기도 하다. 일단 빈 의자 기법을 통해 내담자의 미해결된 감정이 충분히 표현되고 나면 내담자는 상대방과의 관계에 있어 훨씬 수월하게 다음 과정으로 진행할 수 있게 된다(Kim & Daniels, 2008).

반면, 빈 의자 기법을 사용하지 않는 것이 더 바람직한 경우도 있는데, 역할을 바꾸어 상대방의 입장이 되어 보는 것이 위협적이거나 혼란을 야기할 가능성이 있는 경우이다. 예를 들면, 성폭력이나 가정폭력 생존자와 작업할 때이다.

4) 두 의자 기법: 양극성 다루기

빈 의자 기법에서는 내담자가 현실에서 만날 수 없거나 상담 장면에 데려올 수 없는 대상이 빈 의자에 앉게 되는 반면, 두 의자 기법에서는 내담자의 두 측면이 각각의 의자에 앉게 된다. 상담 과정에서는 종종 어떤 대상이나 사건에 대한 내담자의 양가감정이 드러나거나 내면의 다른 두 힘이 나타난다.

게슈탈트 상담에서는 우리 모두 양극성을 가지고 있고, 어떤 한 특성을 가지고 있다는 것은 연속선상의 대비되는 면을 같이 가지고 있는 것임을 가정한다. 양극은 서로 대립되는 것이 아니라 연속선상에서 연결되어 있으면서 공존하는데, 이는 마치 어두움 없이는 빛이 있을 수 없는 것과 마찬가지이다. 장의 전경으로 부상한 것의 다른 극은 언제나 배경에 존재하고 있다. 예를 들어, 친절한 사람은 거친 면을 동시에 가지고 있고, 따뜻한 사람은 냉정한 면도 같이 가지고 있다는 뜻이다. 양극성마저도 장 안에서 상호 의존적임을 알 수 있으며 서로 반대라고 생각되는 양극은 사실은 상호 보완적일 때가 많다.

양극성 중 가장 잘 알려진 것은 상전(topdog)과 하인(underdog)이다. 상전은 개인의 우세한 성격 특성으로 주로 명령과 지시를 한다. 반면 하인은 수동적으로 상전에게 끌려 다니는 것 같지만 사실은 상전을 방해하고 끊임없이 반항을 한다. 상전은 대개 내사된 목소리인 경우가 많은데 내담자는 상담 초반에는 이를 잘 인식하지 못한다. 상담이 진행됨에 따라 상전과 하인의 두 목소리가 발견되면 상담자는 두 의자 기법을 사용하여 내담자가 양편의 입장을 오가면서 대화를 할 수 있는 기회를 만들어 줄 수 있다. 두 의자 기법을 진행하려면 일단 각 의자에 앉게 될 목소리가 어떤 것인지를 결정해야 하므로 그 과정에서 내면에 뒤섞여 있던 두 목소리를 좀 더 명확히 구분할 수 있게 되고 양편의 입장이 보다 분명히 드러나게 된다. 상담자는 이 둘 간의 갈등을 드러내고 접촉과 대화를 유도해서 분리되어 있는 양극의 특성과 양극 모두 나름의 의미가 있다는 것을 내담자가 이해하고 통합해 가도록 돕는다.

양극성을 다룬 사례

한 내담자는 심한 우울감과 혼란스러움을 호소하면서 상담실을 찾아왔다. 내담자는 오랜 세월 부정적인 감정을 억압하며 제대로 표현하지 못하고 살아왔는데, 상담 과정을 통해 남편에 대한 미움과 싫은 감정을 알아차리게 되었다. 남편에 대한 부정적 감정과 접촉할수록 감정을 억누르는 힘도 강해져서 팽팽한 긴장 상태를 만들어 내다 보니 내담자 내면에서 혼란과 우울을 경험한 것이었다. 내담자는 한편으로는 남편과 사는 것이 너무 힘들어서 이혼을 하고 싶은 마음(하인)이 들 정도이면서, 다른 한편으로는 절대 이혼을 해서는 안 된다는 생각(상전)을 강하게 하고 있었다. 상담자는 두 의자 실험을 제안하여 한 의자에는 너무 힘들어서 이혼하고 싶은 하인의 목소리를, 다른 한 의자에는 힘들어도 참고 견디며 가정을 지켜야 한다는 상전의 목소리를 앉게 하였다. 내담자는 두 의자를 오가면서 하인의 자리에서는 하인의 말을, 상전의 자리에서는 상전을 말을 하도록 하였다. 내담자가 상전의 자리에서 왜 이혼을 하면 안 되고 참아야 하는지를 강하게 설득할 때, 상담자는 "너는 굉장히 열심히 이쪽 의자에 앉은 이에게(하인) 가정을 지켜야 한다고 말하고 있는데, 네가 그렇게 하지 않으면 어떻게 될까 봐 그러니?"라고 물었다. 그러자 놀랍게도 상전의 답변은 "내가 이렇게 하지 않으면 쟤가 상처받고 힘들어진단 말이야. 나는 그렇게 둘 수가 없어."라는 것이었다. 사실 내담자는 어린 시절 부모와 사별하면서 어른의 보살핌과 보호를 제대로 받지 못하였고 스스로를 지키며 살아야 했다. 그 과정에서 엄격한 도덕적 기준을 스스로에게 부여하며 잘못된 길로 빠지지 않으려 안간힘을 쓰며 열심히 살아온 것이다. 상전의 목소리는 어려운 환경에서 내담자가 살기 위해 필사적으로 적응해 낸 결과였는데, 고정된 게슈탈트로 경직되어 지금 여기의 달라진 상황에서도 오작동하는 기계처럼 같은 말을 반복하고 있는 것이었다. 상전이 한때 자신을 도와주고 살 수 있게 해 준 목소리였음을 깨닫게 되자 상전을 대하는 내담자의 태도가 달라졌고, 상전의 목소리는 한결 부드러워졌다. 두 목소리는 서로를 이해하는 대화를 나눌 수 있게 되었고, 내담자는 상전의 강압과 당위에 대항하는 데 에너지를 소모하는 대신 있는 그대로의 자신의 감정과 욕구를 알아차릴 수 있었다. 그러자 내면의 힘과 접촉하게 되면서 남편과의 관계에서 이전까지는 하지 못했던 새로운 행동, 즉 서운한 감정을 표현한다거나 필요한 것을 요구하는 등의 시도를 하게 되었다.

5) 실연

실연(enactment)은 내담자의 말이나 생각, 감정을 행동으로 옮기고 내적 경험에 물리적 형태를 부여하는 것이다. 내담자의 문제에 대한 분석이나 해석은 내담자를 실제 경험으로부터 멀어지게 한다. 따라서 게슈탈트 상담자는 직접 행동으로 연기하면서 경험을 구체화시키는 방법을 선호한다. 내담자는 말로만 설명하거나 추측을 하기보다는 직접 행동해 봄으로써 보다 생생한 알아차림을 할 수 있게 된다.

가족 조각은 대표적인 실연의 예이다. 내담자는 가족에 대해 말로만 설명하는 것이 아니라 자신이 생각하고 있는 가족의 분위기, 각 가족 구성원에 대한 느낌이나 관계 정도 등을 형상화한다. 과거나 미래 혹은 상상 속의 상황을 현재 일어나는 것처럼 연출한다는 점에서 빈 의자 기법도 사실 실연에 해당된다고 할 수 있다.

6) 꿈 작업

Perls는 꿈을 통합에 이르는 왕도라고 할 만큼 중요시하였다. 게슈탈트 상담에서는 꿈 속에 등장하는 모든 것은 꿈을 꾼 이의 투사물이라고 전제한다. 그리고 꿈 작업을 통해 투사된 부분들을 통합하고자 한다.

꿈 작업은 4단계로 나누어 볼 수 있는데, 먼저 내담자는 자신의 꿈을 소개한다. 이때 줄거리를 가진 하나의 이야기로 말하도록 한다. 두 번째 단계에서는 꿈의 한 장면을 선택하여 지금 일어나는 일처럼 생생하게 묘사하도록 한다. 현재형으로 말하도록 하는 것이 좋은 방법이다. 세 번째 단계에서 내담자는 꿈을 연출하고 연기한다. 상담자는 내담자에게 꿈에 나온 사물이나 인물이 해야 할 일을 말해 달라고 할 수도 있고, 직접 그것이 되어 말을 해 보라고 요청할 수도 있다. 상담자는 "꿈 속에 나온 대상 중에서 어떤 것 혹은 누구와 대화를 나누고 싶은가요?" "그 사람에게 뭐라고 말하고 싶나요?" "그 사물이 되어 보니 어떤가요?" "그 사람이 되어 보니 어떤가요?" 등의 질문을 하면서 꿈 작업을 한다. 마지막으로, 내담자는 꿈 속의 인물이나 사물들과 접촉하며 자신의 투사물들을 다시 자신으로 받아들이고 통합한다.

이러한 꿈 작업은 언어로만이 아니라 찰흙, 콜라주, 악기, 노래와 같은 예술 매체를 활용한 방법이나 동작이나 춤과 같은 신체 표현을 통해서도 이루어질 수 있다.

7) ~에게 직접 이야기하기

게슈탈트 상담에서는 '~에 대하여 이야기하기(talking about)' 보다는 '~에게 직접 이야기하기(talking to)'를 선호한다. 특히 집단 작업에서 서로 오해나 갈등이 생겼을 때는 상대방에게 자신의 행동의 이유를 설명하는 것보다는 그 사람과 직접적인 대화를 나누는 것이 훨씬 효과적이다.

8) GRIP 게슈탈트 관계성 향상 프로그램

GRIP(Gestalt Relationship Improvement Program)은 김정규(2010)가 개발한 것으로 게슈탈트 놀이 및 예술치료, 명상을 게슈탈트 치료와 통합하여 한국 문화에 맞게 구조화한 프로그램이다. GRIP은 알아차림 연습을 안내하는 프로그램을 제공할 뿐 아니라 마음자세카드, 그림상황카드, 감정단어카드, 가족 인형, 보드게임 등의 다양한 도구를 포함하고 있는데, 이 도구들을 활용하여 창의적인 실험을 시도해 볼 수 있다. GRIP은 구조화된 프로그램이기는 하지만 GRIP에서 제시하는 매뉴얼을 그대로 따라야 하는 것은 아니고 하나의 모델로서 참고할 수 있다. GRIP에서 개발한 도구들을 활용하는 방법은 다양한 변형이 가능하며 장의 필요와 대화적 맥락에 따라 적용한다는 점에서 실험의 기본 태도는 그대로 유지된다. GRIP은 아동 · 청소년 · 성인 등의 대상에게 폭넓게 적용할 수 있고, 개인상담 · 부부상담 · 가족상담 · 집단상담 등 다양한 형태로 응용할 수 있다.

기법 vs 실험

게슈탈트 상담에서는 다양한 기법이 사용된다고 알려져 있다. 그러나 게슈탈트 상담의 대표적인 기법으로 소개되는 빈 의자 기법도 처음에는 하나의 실험으로 시작되었다. 상담에서 빈번하게, 반복적으로 사용되다 보니 틀을 갖추고 명칭을 갖게 된 것을 우리는 기법이라고 부른다. 모든 기법이 실험으로 출발했다는 것을 기억한다면, 자연스러운 대화 과정 속에서 지금 여기의 필요에 따라 창조적으로 실험을 제안하고 내담자의 현상학적 장이 어떻게 드러나는지에 주목하고자 하는 게슈탈트 상담의 실험적 태도를 잃지 않을 것이다.

지금까지 게슈탈트 상담의 과정을 살펴보았다. 첫 만남과 진단, 현상학적 방법으로 내담자 경험 따라가기, 대화적 관계에 참여하기, 장을 드러내기, 실험 제안하기에 이르는 게슈탈트 상담의 과정은 순서가 있는 단계라기보다는 동시적으로 일어나는 하나의 전체 과정이다. 즉, 현상학적 접근을 취하는 상담자는 대화적 관점에서 작업을 하고 있는 것이고, 대화적 접근을 하는 상담자는 이미 장 안에 있다. 따라서 기계적으로 게슈탈트 상담의 과정을 적용하려고 하기보다는 원리를 이해하는 것이 중요하며 이를 지침삼아 각자의 임상 현장에서 게슈탈트 상담을 적용해 가기를 바란다.

11장
게슈탈트 상담의 사례

이 장에서는 게슈탈트 상담 이론을 적용한 상담 사례를 소개하고자 한다. 여기에 제시된 세 사례는 김정규 교수가 진행한 게슈탈트 지도자 과정 중에 이루어졌던 실제 상담 내용을 토대로 각색한 것이며, 상담자와 내담자의 상호작용을 그대로 보여 줌으로써 게슈탈트 상담이 어떻게 진행되는지를 생생하게 전달하고자 하였다. 또한 이 사례들은 내담자의 동의하에 제시하는 것임을 밝혀둔다.

1. 사례 **1** 죽음에 대한 두려움이 주제인 상담

상담자: 다루고 싶은 문제가 있나요?

내담자: 네, 제가 무서워하는 게 너무 많아요. 겁이 많거든요.

상담자: 어떤 것들이 무서운가요?

내담자: 제가 무서워하는 건 많은데, 일단 요즘 제일 문제가 되는 건 운전이에요. 무서워서 운전을 못하고 있어요. 제 또래 중에 운전 못하는 사람은 없을 거예요. 요즘 세상에 운전 못하면 외계인이다, 천연기념물이다 할 정도니까요. 그래도 안 하면서 미뤄 왔고요. 또 강아지도 많이 무서워해요. 누구 집에 갈 때는 그 집에 개가 있는지 없는지 꼭 확인하고 갈 정도로. 운전을 못하는 건 현실적으로도 불편한 게 많고, 그 외에도 자잘하게 무서워하는 게 많아요.

상담자: 뭐가 또 있나요?

내담자: 어릴 때부터 무서워하는 게 많았어요. 중학교 때도 엘리베이터를 혼자 잘 못 탔어요. 독서실 끝나고 새벽에 나오면 무서워서 친구가 같이 타 주고.

상담자: 엘리베이터가 무서운 이유가 뭐지요? 갇히는 게 무서운 건가요?

내담자: 귀신 나올까 봐요. (웃음)

상담자: 아, 갇힐까 봐 무서운 게 아니라 귀신 나올까 봐 무서운 거군요.

내담자: 네, 지금도 혼자 잘 일이 생기면 사실 무서워요.

상담자: 혼자 잘 때 귀신이 나타날 수 있죠. (웃음)

내담자: (웃음) 그러니까 옛날에는 그런 걸 못 견뎠다면 이제는 이성적으로 생각을 하면서 컨트롤을 해요. 근데 개나 운전은 컨트롤이 아직 잘 안 되니까요.

상담자: 또 무서운 게 뭔가요?

내담자: 어두운 거.

상담자: 어두우면 뭐가 무섭죠?

내담자: 귀신 나올까 봐. (웃음) 아, 그리고 사고, 끔찍한 장면, 피, 주사 맞는 거, 수술, 그런 거 다 무서워요. 절대 수술하는 일이 안 생기면 좋겠어요. 고통스러운 거에 대해서도 무서움이 많고.

상담자: 여러 상황, 대상을 이야기 하셨는데, 공통적인 게 있는 것 같네요.

(상담자는 내담자가 두려워하는 것에 대해 탐색하는 과정에서 두려움과 관련된 공통적 문제, 즉 주제를 찾아간다.)

내담자: 고통하고 관련된 것들이 있는 것 같고요. 운전은 왜 무서워하는지 생각해 보니까, 뭔가 사고를 낼 것 같고 실수를 할 것 같아요. 그 최후는 내가 죽거나 남이 죽거나 그런 결말이 날 것 같아요. 그런 생각을 하긴 했어요.

상담자: 그래요. 죽음이 무섭다는 그런 얘기가 될 수 있겠네요. 죽음이 무서울 수 있죠. 죽음하면 어떤 연상이 되나요?

(주제를 발견해 가는 과정에서 내담자의 주관적 장을 이해하려면 연관된 감정, 욕구, 생각, 이미지 등을 함께 살펴보는 것이 도움이 된다.)

내담자: 떠오르는 장면이 두 개가 있는데, 하나는 어릴 때 많이 아파서 누워 있었던 장면이요. 대여섯 살 때 저 혼자 컴컴한 방에 누워 있고 밖에는 햇살이 따뜻한 데서 아이들이 뛰어놀고 있는…….'쟤네는 좋겠다.' 하고 부러워했던 기억이 나요. 또 하나는 아주 어릴 때 물에 빠졌던 장면이 생각이 나요. 근데 엄마한테 물어봤을 때는 그런 일이 없다고 해요. 그렇지만 제 머리 속에는 그 장면이 있어요. 물에 빠져서 숨이 막힐 것 같았는데,

오래 있지는 않고 건져지는……. 죽음하면 이 두 가지가 떠오르는 장면이에요.

상담자: 하나는 다른 아이들은 밝은 햇빛이 비치는 곳에서 자기들끼리 어울려서 놀고 있고, 나는 컴컴한 방에 분리되어서 누워 있는 장면. 그 아이들이 부럽기도 하고 ○○ 씨는 슬프고 외롭고 그런 이미지가 떠오르네요.

내담자: 네.

상담자: 죽음이 무서운 이유가 뭐죠?

(상담자는 죽음에 대한 두려움이라는 주제를 가설로 세우고 이 가설이 맞는지 확인하고자 한다.)

내담자: 지금 탁 떠오르는 건 분리되는 거. 어렸을 때 아파서 누워 있었을 때도 뭔가 난 혼자서 있어야 되고……. 방이 어두컴컴했던 이미지거든요. 지금 떠오르는 건 무서워요. 방에 혼자 누워 있는 게. (눈물)

상담자: 나 혼자 분리돼서……. (내담자의 눈물을 보고) 감정이 좀 움직이시나요?

(내담자가 눈물을 보이자, 내용 중심의 스토리를 이어 가기보다는 과정, 즉 감정에 초점을 맞춘다.)

내담자: 분리되어 있다는 게 슬퍼요. (눈물)

상담자: 분리되어 있다는 게 무섭기도 하지만 슬프죠. 무서운 것에서 출발했는데 지금은 무서움보다는 슬프네요.

(내담자의 감정을 반영하며 따라간다.)

내담자: 외롭고요.

상담자: 그렇죠. ○○ 씨 삶에서 이런 단절됨으로 인해서 슬프고 외로운 감정이 익숙한 것인가요?

(반복적 패턴인지를 확인함으로써 주제를 더욱 명료화하고자 한다.)

내담자: 네.

상담자: 어떤 식으로요?

내담자: 엄마한테도 많이 느꼈었고, 지금 떠오르는 다른 거는, 제가 어릴 때 굉장히 내향적이고 수줍음이 많고 그랬거든요. 손님이 오면 책상 밑에 숨어 있고 엄마 뒤에 숨고 그랬대요. 근데 저희 엄마는 그런 행동을 되게 싫어했어요. 사회성 있고 외향적인 성격을 좋아하셨던 것 같아요. 저는 분명히 원하지 않았을 텐데 어릴 때 캠프 같은 데를 많이 갔거든요. 며칠씩 막 이렇게 가야 되잖아요.

상담자: 엄마가 하드트레이닝을 시키셨네요. 그렇게 가야 되면 어땠나요?

내담자: 살아남아야 되는 거죠.

상담자: 그렇죠. 본인은 싫은데도 엄마가 보내니까 가야 되고.

내담자: 다 모르는 애들인데 조끼리 모여서 활동 같은 걸 해야 되는 거예요. 근데 그게 저는 잘 기억은 안 나요, 제 감정이 어땠는지. 그렇지만 지금 생각해 보면 되게 힘들었겠다 싶고. 서바이벌 게임…….

상담자: 그야말로 서바이벌 차원이지 즐겁지가 않았네요.

내담자: 근데 또 가서 막 이렇게 주눅 들어 있고 그러면 제가 너무 싫은 거예요. 그러니까 안 그런 척, 난 다 괜찮은 척, 그렇게 하면 어

떤 면에서는 엄마가 바라는, 표면적으로 사회 기술은 배웠을지 모르겠어요. 근데 나를 그냥 있는 그대로 내버려 뒀으면 더 좋지 않았을까 하는 서운함은 늘 있거든요. 그냥 나를 있는 그대로, 내가 엄마가 바라는 모습이 아니더라도, 내향적이면 내향적인 대로, 숨으면 숨는 대로 그런 나를 그냥 받아 줬으면……. (눈물)

상담자: 그 얘기하면서 감정이 좀 올라오네요. 어떤 감정인가요?
(어린 시절의 경험은 이미 지나간 과거이지만, 그 경험에 대한 현재의 느낌과 태도에 주목함으로써 과거를 지금 여기로 가지고 와서 다루게 된다.)

내담자: 내가 아니어야 되니까, 그게 너무 힘들었던 것 같아요. (눈물)

상담자: 힘들었죠. 슬프고, 가기 싫은데 자꾸 떠미니까 불만스럽고. 아까 말한 것들이 오버랩되거든요. 손님들이 왔는데 나는 좀 두렵고 어색하고 싫어서 엄마 뒤에 숨는데, 엄마는 자꾸 끄집어 내 가지고 인사해라, 얘기해라. 나는 되게 불편하고 힘들어서 안정감을 느끼고 싶은데, 그걸 받아 줬으면 싶은데 꺼내 놓으니까 하긴 하는데 싫고.

내담자: 제 원래 모습이 부끄러워지는 거예요, 수치스럽고.

상담자: 그렇죠. '이대로는 너는 안 된다'는 메시지가 담겨 있으니까.

내담자: 그게 되게 싫어요. 지금도 되게 화가 나요.

상담자: 나는 ○○ 씨가 원래 그런 사람으로 태어났는지에 대해서는 잘 모르겠고, 원래 그렇게 태어난 애는 없다고 생각하거든요. 그런데 어찌 됐든 간에 엄마와의 관계에서 나를 좀 편안하게

수용해 주는 느낌이 아니라, 좀 밀쳐지는 느낌이 들었던 것 같네요. 그러니까 더 불안하고 엄마를 더 잡고 싶은데 엄마는 자꾸 떼 놓으려고 하고. 아이는 지금 사회 기술 훈련이 중요한 게 아니라 엄마한테 떨어지는 게 싫은 건데, 엄마한테 온전히 받아들여지는 게 필요한데.

내담자: 네, 나는 지금 나가기에는 너무 불안한데. 그거는 내 탓이고, 수줍어하는 애, 내향적인 애, 낙인처럼……. 나는 그런 애니까 막 훈련받으러 다녀야 되고. 아, 되게 억울해요.

상담자: 억울하기도 하고 화가 나기도 하고. 내가 안 느껴도 될 수치심, 불안, 내가 수줍어하고 낯가리고 하는 거에 대해 온전히 이해받지 못하는 느낌이었을 것 같아요.

(내담자의 감정을 공감해 주면서 따라간다.)

내담자: 네, 아니라고 하면서도 나도 모르게 나도 나를 부끄러워하고, 어디 가면 그러고 있으면 안 될 것 같고.

상담자: 엄마가 보는 시선으로 나를 볼 때가 있다는 거잖아요.

내담자: 네, 그래서 막상 사람들을 만나면 막 말도 많이 하고 그랬던 것 같아요. 근데 사실은 너무 피곤한 거예요. 학교 다닐 때도 학교 가는 길에 친구를 만나는 게 싫었어요. 만나면 뭔가 얘기를 하긴 하는데, 사실 나는 별로 그러고 싶지 않고.

상담자: 해야 되니까 하는, 일로 느껴졌을 것 같네요.

내담자: 일로도 느껴졌지만 원래 내 모습대로 있으면 뭔가 변변찮고 위축되는 것 같고.

상담자: 원초적인 안정감이라고 할까, 그런 걸 엄마한테 못 받은 것만

으로도 서운한데, 그걸로 파생된 결과라고 볼 수 있는 나의 모
습에 대해서도 이차적으로 판단받고 비난받는 게 싫었을 것 같
아요.

내담자: 그걸 어릴 때는 모르니까 저도 저를 부끄러워했던 것 같아요.
자신 있게 말해야 되고 외향적인 게 좋은 거고 여기 저기 잘 돌
아다니는 게 잘 하는 거고.

상담자: 엄마에게 받아들여지지 않는다는 느낌을 얘기했는데, 예를 들
면 어떤 식으로 받아들여지지 않는다, 방금 이런 종류 말고 또
어떤 게 있었어요?

······(중략)······

상담자: 심리적으로 엄마가 곁에 없었다는 마음이 있으니까, 미해결 과
제가 있으니까 늘 엄마의 주변을 맴돌면서 엄마가 어디 갈까
봐 무섭고 그러지 않았을까 싶네요.

내담자: 늘 겁이 많고 불안하고 그랬던 것 같아요.

상담자: 무서워하는 게 많다, 핵심적으로 간추려 보면 죽음에 대한 불
안인데, 죽음에 대해서는 여러 가지 이유가 있죠. ○○ 씨는
죽음에 대해 떠올렸던 게 분리되는 거, 죽음의 의미가 분리이
네요. 근데 그 분리의 의미가 뭔가 했는데 엄마와의 관계에서
느꼈던 슬픔, 외로움, 떨어져 있음, 그렇게 지금 자연스럽게 연
결이 되는 것 같아요. 사실은 사람이나 동물이나 엄마에게서
떨어지면 죽을 수 있단 말이에요. 생리적인 욕구부터 심리적
인 욕구 다 엄마 보살핌이 필요한데, 엄마한테 분리되는 건 죽
음을 연상시키는 게 자연스러운 거죠.

내담자: 말씀을 듣다보니까 참…… 내가 힘들었겠다……. 제가 안쓰러워요. 그런데 어쨌든 지금도 무서운 게 남아 있잖아요.

상담자: 무섭죠. 근본적인 게 해결이 안 되니까.

내담자: 이제 안 무서워하고 싶거든요. 머리로는 저도 이게 실체가 아니라는 건 아니까, '실체가 아닌데 뭘 두려워해.' 이렇게 생각을 많이 하는데 당장 강아지가 눈앞에 나타나면 죽을 거 같은 거예요. 어떻게 하지?

상담자: 머리로는 생각을 많이 했다고 하셨어요. 주로 해결하는 방법이 머리로 한 거죠. 정서의 문제인데. 누구한테 안겨서 울어 본 적 있으신가요?

내담자: 있죠.

상담자: 내가 왜 이걸 물어봤는지 알겠어요?

내담자: 머리로만 제가 주로 해결하려고 노력해 왔는데, 누군가에게 안기고 울고 하는 건 정서를 나누는 거니까……. (눈물)

상담자: 그렇죠. 감정이 느껴지시나요?

내담자: 좀 착잡하기도 하고 앞으로 또 얼마나 뭘 해야 되나…….

상담자: 안기는 것도 뭘 해야 되는 걸로 생각되시나요?

내담자: 내가 운전을 안 무서워하고 그러려면 또 감정의 작업을 해서…….

상담자: 자연스럽게 뭔가 해야만 얻을 수 있는 그런 이미지가 떠오르네요. 되게 애쓰면서 살았던 모습이 아니었을까.

내담자: 그랬나 봐요. 애를 많이 썼던 것 같아요.

상담자: 종교가 있나요?

내담자: 네, 기독교요.

상담자: 하나님에게 안기는 그런 경험 있나요?

내담자: 네, 그게 제일 인생의 전환점이었던 것 같아요. 신비로운 체험
이었어요.

상담자: 그 얘기하시면서 조금 느껴지는 게 있나요?

내담자: 그때 생각이 나고 다행스러워요. 나보다 훨씬 큰 존재 안에 내
가 이렇게 딱 들어가는 느낌. 너무 저를 분석을 많이 하다 보니
까 너덜너덜한 기분이었거든요. 스스로 파고들다 보니까 뭐가
많은데 제가 분열돼 있는 것처럼 괴로웠어요. 근데 종교적인
체험을 하면서 흩어져 있던 것들이 하나로 모아지는, 연결되는
느낌이 들면서 다시 내가 하나의 존재로 모아지고 다 받아들여
지는 경험이었거든요.

상담자: 받아들여지는 그런 경험이 어떤 느낌이었어요?

내담자: 나를 늘 사랑해 주셨다, 그 사랑에 대한 어떤 감격, 그래서 되
게 많이 울었어요.

상담자: '나를 사랑해 주셨구나.' 하는 게 느껴지면서 내가 받아들여지
는 느낌이 있었군요. 받아들여지는 그 느낌 한번 떠올려 보시
겠어요? 안전하다는 느낌이 느껴지나요? 안전한 품에 안겨 있
는 게 느껴지나요?

내담자: 느껴져요.

상담자: 그 감정을 좀 더 느끼면서 머물러 보실래요?

내담자: (한동안 감정에 머무르며) 안도가 돼요. 다행스럽고……. (눈물)

상담자: 무서운 건 어떤가요?

내담자: 지금은 덜 무서워요. 그때만 그랬던 게 아니라, 다시 또 이렇게 하나님 품에 안겨 있을 수 있고, 기도할 수도 있고, 애쓰지 않아도 괜찮고.

상담자: 반갑네요. 안전한 품에 안겨 있을 수 있고, 그 순간에는 두려움이 줄어드네요. 그리고 언제든 다시 그런 경험을 할 수 있다는 거.

내담자: 안심이 많이 돼요. 해 오던 방식대로 뭘 내가 애쓰면서 더 해야 되나 했는데, 어디 가서 내가 뭘 하지 않아도, 친구도 있고 가족도 있고 하나님도 있고. (미소)

상담자: (함께 미소지으며) 네, 반갑습니다. 네, 여기까지 하고 마무리를 지어도 될까요?

내담자: 네.

2. 사례 **2** GRIP 도구를 활용한 상담

상담자: 마음자세카드를 한번 뽑아 볼까요? 자기에게 많이 있는 마음자세 1장, 그리고 좀 더 기르고 싶은 마음자세 1장을 골라보세요. 자기에게 많이 있지만 좀 버리고 싶은 카드도 1장 골라 보세요.

(이 상담에서는 GRIP 도구의 마음자세카드를 사용하여 주제를 찾고자하였다. GRIP 도구는 비자발적 내담자나 언어적 표현에 제한이 있는 아동 · 청소년 등에게 유용한데, 일반 내담자에게도 폭넓게 사용될 수

있다.)

내담자: (카드를 고른 후) 기르고 싶은 건 겸손이요. 제가 은근히 잘난
척하는 것 같아요. 그래서 정말 마음속에 진정한 겸손을 기르
고 싶다는 생각을 했어요.

상담자: 그걸 왜 기르고 싶나요?

내담자: 은근히 잘난 척하는 게 별로 좋게 느껴지지 않고요. 정말 마음
에서 다른 사람을 존중하고 나는 나대로 수용하는 그런 자세가
좋은 것 같아요.

상담자: 은근히 잘난 척하는 자기가 좀 안 좋아 보이는 모양이죠?

내담자: 네. 좋진 않은 것 같아요.

상담자: 네, 그리고 많이 있는 마음자세는 긍정을 골랐네요. 어떤 점에
서 그런가요?

내담자: 힘들고 안 좋은 일들도 있었지만 그래도 제가 삶을 살아온 태
도는 긍정인 것 같아요.

상담자: 네, 좋습니다. 많이 있지만 버리고 싶은 카드는 관심을 골랐네
요. 설명해 주시겠어요?

내담자: 다른 사람이 어떻게 볼까 하고 너무 저를 의식하는 관심을 버
리고 싶어요.

상담자: 그런 관심이군요. 다른 사람을 의식하는 마음을 내려놓고 싶
다. 왜 그런가요?

내담자: 자유롭지 않은 것 같고요, 나는 그냥 나인데 다른 사람의 평가
에 너무 좌우되면 나로 살기가 어려운 것 같아요

상담자: 예를 한번 들어 봐 주시겠어요?

내담자: 만약에 누가 지켜보는 상황에서 뭘 했으면 한번 필름을 돌려 보는 것 같아요. '그때 내 행동이 어떻게 보였을까.' 근데 되게 번잡스러운 것 같거든요. 별로 그런 거 할 필요 없는 것 같고.

상담자: 그게 좀 힘들게 느껴지시네요.

내담자: 그럴 때도 있어요.

상담자: 세 가지를 말씀하셨는데, 아직까지는 하나의 모습으로 통합되게 느껴지지 않거든요. 그런데 어딘가 연결점이 있을 수도 있겠다는 생각이 들어요. 일단 다른 사람이 나를 어떻게 볼까, 그거에 대해서 신경을 많이 쓰는 면이 있는데 그럼에도 불구하고 좀 은근히 잘난 척한다고 하셨어요. 그럼 자신의 수행에 대한 평가가 상당히 좋을 거라고 생각하는 건가요?

(개별카드에 대한 반응 각각에 초점을 맞추기보다는 여러 장의 카드에 대한 내담자의 반응에서 반복되는 패턴과 공통적으로 드러나는 주제를 발견하고자 한다. 이때 반복되는 패턴과 주제가 금방 드러날 수도 있지만 각 카드에 대한 내담자의 반응이 상호 모순되거나 공통점이 없어 보일 수도 있다. 상담자는 섣부른 투사나 자신의 가설에 내담자를 끼워 맞추기보다는 호기심을 가지고 함께 탐색해 간다.)

내담자: 은근히 잘난 척한다는 거는 의도하고 그렇게 한다는 건 아니고, 말하고 나서 보면 '내가 잘난 척한 거 같은데.' 하고 나중에 그런 생각이 들 때가 있거든요.

상담자: 아, 그럼 염려하시는 건가요?

내담자: 그렇죠. 그것도 의식하는 걸 수도 있죠. 혹시 그렇게 보이지 않았을까.

상담자: 그러네요. 연결이 되네요. 겸손해야 되겠다는 것도 혹시 잘난 척하는 걸로 보이지 않을까 하고 의식하는 데서 나온 것일 수도 있겠네요. 내가 어떻게 비춰질까, 혹시 잘난 척하는 사람으로 보이진 않을까.

내담자: 그런 모습을 가끔 보면 '어, 이렇고 싶지는 않은데.' 하는 생각을 했어요.

상담자: 이러고 싶지는 않다는 게 다른 사람이 어떻게 볼까, 나를 잘난 척한다고 보지 않았을까 하는 이런 염려를 안 했으면 좋겠다는 건가요?

내담자: 그렇죠. 그리고 실제로도 안 그런 사람이면 좋겠어요. 은근히 잘난 척하는 사람은 아니었으면 좋겠어요. 자랑을 하고 싶으면 대놓고 하지 뒤로 이렇게 하는 건 좀 치사한 거 같기도 하고 마음에 안 들어요.

상담자: 대놓고 하면 오히려 사람들이 더 빨리 알아 버리잖아요. 은근히 해야 좀 봐주잖아요?

내담자: (웃음) 대놓고 잘난 척하고 싶지는 않네요.

상담자: 잘난 척해서는 안 된다는 생각이 있는 것 같네요. (네.) 지금 어떤 마음에서 웃으셨어요?

(내담자 내면의 당위적 목소리가 드러나고 있는 것으로 보여 이에 주목한다.)

내담자: 잘난 척하는 건 좀 부끄러운 것 같아요.

상담자: 좀 창피해서 웃은 거 같네요. (그림 인형들을 보여 주면서) 여기 있는 인형들을 좀 활용해 보면 좋겠는데 어떠세요? (네, 좋

아요.) 여기서 한번 잘난 척하는 애를 골라 볼까요? (내담자가
고른 후) 여기다 한번 앉혀 볼까요? 자, 이번에는 얘보고 '그러
면 안 돼, 잘난 척하면 안 돼.' 하는 사람도 골라 볼까요. (내담
자가 고른 후) 이 애를 딱 잡으시고, '너 너무 그렇게 잘난 척하
면 안 되지, 그건 안 좋은 거야.'라고 얘기해 주시겠어요?

(GRIP 도구의 인형은 두 의자 기법 대신 사용될 수 있는 좋은 도구이
며, 내담자 내면의 갈등을 명료하게 드러내고 해소하도록 돕는다.)

내담자: (인형을 잡고) 사람은 겸손해야 돼.

상담자: 왜 겸손해야 되는지 말해 주세요.

내담자: 잘난 척하는 거는 좋지 않은 거야. 잘해도 너무 티내지 말고 겸
손하게 계속 꾸준히 노력하고 그런 게 좋은 거야.

상담자: 얘가 뭐라고 답하는지 들어 볼까요?

내담자: 잘난 척하고 싶은데? 하면 좀 안 되나? 인정받고 싶은데. 잘한
건 잘했다고 인정받고 싶은데. (작은 목소리로)

상담자: 한번 답을 해 보시죠. 얘가 '잘난 척하면 좀 안 되나? 인정도 좀
받고 싶은데.'라고 했어요.

내담자: 안 되지. 먼저 칭찬해 주기 전에 자기가 잘났다고 하는 거는 아
니지. 그리고 칭찬을 해 줘도 너무 좋아하지 말고 겸손하게 그
렇게 해야지.

상담자: 정말 얘의 소리가 명확하게 나오네요. '그렇게 하면 안 되지.
겸손해야지. 칭찬받더라도 표 나게 좋아해서도 안 되는 거지.'

내담자: 그럼 나는 잘했을 때 누구한테 자랑하지? 뭔가 같이 나누고 싶
은데.

상담자: 좋습니다. '난 그럼 누구한테 얘기를 하지? 잘했을 때 누군가와 나누고 받고 싶은데.'

내담자: 잘한 걸로 그게 이미 받은 거야. 그냥 그렇게 잘하면 되지.

상담자: 좀 딱딱하게 들리네요. '잘했으면 그걸로 된 거야, 뭘 더 바라.'

내담자: (앉아 있던 인형을 세우면서) 이 사람이 아빠같이 느껴져요. 그래서 아빠한테 하고 싶은 말이 생각이 났어요.

(인형 대화를 진행하면서 당위의 내용이 보다 명료해지고 그것이 아빠의 목소리였음이 드러나면서 직접적인 대화를 하고자 하는 욕구가 일어난다.)

상담자: 좋아요. 그런데 인형을 좀 높이 들었네요. 어떤 마음에서 인형을 높이 들었나요?

(내담자가 하는 말의 내용도 중요하지만, 서둘러 내용으로 들어가지 않고 내담자의 행동과 감정의 흐름도 세심히 따라간다.)

내담자: 모르겠어요, 저도 모르게.

(아직은 내담자가 자신의 행동의 의미를 알아차리지 못하고 있지만 인형을 들어올리는 행동을 통해 에너지가 동원되고 있음을 알 수 있다.)

상담자: 좋아요. 아빠 앞에서 서서 이야기하고 싶군요. 얘기해 보세요.

내담자: 아빠가 인정을 해 주면 다른 데서 자랑하고 싶은 마음 별로 안 들 것 같아.

상담자: 서서 이야기하니까 마음이 어떠세요? 앉아서 얘기하고 싶지 않았던 것 같은데 왜 그러고 싶었어요?

(아빠에게 직접 이야기하도록 한 후 다시 한번 내담자 행동과 감정을 알아차릴 수 있도록 질문해 준다.)

내담자: 뭐랄까, 좀 더 당당하게 얘기하고 싶었달까…….

상담자: 높은 데서 내려오는 말을 들으면 거역하기 힘들 것 같아요.

내담자: 앉아 있으면 좀 쭈그러드는 마음인 것 같아서.

상담자: 그랬을 거 같아요. 내용도 말도 내려다보는 느낌이 싫었던 것
같네요. 서서 얘기하니까 마음이 어떠세요?

내담자: 마음이 좀 덜 위축돼요.

……(하략)

이후 상담에서 내담자는 좀 더 힘 있게 아빠에게 자신의 욕구를 표현하
며 미해결 감정을 해소해 나간다.

3. 사례 3 집단상담 중 집단 안에서 소외감을
느낀 내담자

상담자: 어떤 주제를 다루고 싶은가요?

내담자: 소외감에 대해서 얘기하고 싶어요.

(집단상담과 같이 이미 작업이 진행되고 있는 상황에서는 내담자가 스
스로 분명한 주제를 제안하는 경우가 많이 있다.)

상담자: 좀 더 구체적으로 얘기해 주시겠어요?

(내담자가 주제를 제안했다고 하더라도 바로 다루기보다는 그것이 정
말 주제인지 확인하고 명료화할 필요가 있다.)

내담자: 어제 저녁 장에서 사람들이 다 같이 웃고 즐거워했잖아요. 저
는 재미없다고 하고 동참하지 않은 셈인데, 아침 장에서까지

어제 이야기가 계속 이어지니까 나만 동떨어져 있는 느낌이 들면서 되게 어색하기도 하고 소외감이 느껴졌거든요.

상담자: 어떤 식으로 소외감이 느껴졌나요?

내담자: 이미 지난 일인데 나는 어쩔 수가 없잖아요. 근데 또 그 얘기를 하니까……. (눈물)

상담자: 어떤 감정이 느껴지세요?

내담자: 슬프고 좀 외롭고……. 점점 사이가 멀어지는 그런 느낌.

상담자: 나 혼자 남겨진 느낌……. 이런 느낌을 전에도 느껴 본 적이 있나요?

내담자: 익숙하다는 느낌은 드는데, 언제 그랬는지는 잘 떠오르진 않아요. (눈물)

상담자: 익숙하다는 느낌이 있네요. 눈시울이 금방 붉어지면서 아픈 느낌이네요.

내담자: 어쩔 줄을 모르겠다, 되게 어색하고, 근데 어떻게 해야 될지는 모르겠고 그런 느낌.

상담자: 나 혼자 남겨지는 건 싫은데, 사람들은 자기들끼리 재밌게 지내고.

내담자: (눈물) 어렵고. 어떻게 다가가야 할지 모르겠어요.

상담자: 그 마음이 느껴지네요. 어색하고 어떻게 해야 될지 모르겠는 마음.

내담자: 여럿이 다녀도 그중에 더 친한 친구들이 생기잖아요. 근데 나한테는 좀 거리가 있는 것 같고 덜 친한 느낌.

상담자: 그런 이미지가 떠오르네요. 반대로 나도 그런 무리 속에서 섞

여서 잘 놀고 어색하지 않고 그런 느낌도 느낄 때가 있나요? 잘 섞이는 경험도 자주 하시나요?

내담자: 어렸을 때는 잘 기억이 안 나요.

상담자: 여기서는 지내면서 어떤가요?

내담자: 보통 때는 재밌거든요.

상담자: 특별히 이질감 느끼지 않고 잘 섞이는데, 어제 저녁에는 별로 재미가 없어서 좀 안 어울리고 그랬네요.

내담자: 네, 쉬는 시간이나 오며 가며 사람들이랑 좀 더 얘기하고 그럴 기회가 있으면 좋을 텐데, 좀 아쉽다는 마음은 있었거든요. 그렇지만 나만 빼고 다들 친한 그런 느낌은 아니라서 특별히 불편하진 않았어요.

상담자: 근데 어제는 좀 소외된 느낌이 들었군요.

내담자: 나 빼고 확 응집되는 분위기? 나도 계속 뭔가 사람들이랑 친해지고 싶고 그랬는데 갑자기 막 상황이 바뀌면서 나만 멀어지는 그런 느낌이 들었어요.

상담자: 약간 놀라셨겠네요.

내담자: 네, 그랬어요.

상담자: 편안하게 문제없이 흘러가는 줄 알았는데, 어느 순간 나 혼자만 떨어지는 그런 기억이 났네요. 그리고 그런 느낌을 어제 처음 느낀 게 아니라 익숙한 거네요.

내담자: 뭔가 좀 겉도는 것 같은 느낌이 익숙해요. 못 끼고 있는 느낌. 나만 좀 다른 상태인 것 같고 동떨어진 느낌이 들면서 사람들이 멀어지는 느낌이었던 거 같아요.

상담자: 전에는 어떤 식으로 겉돌고 사람들이 멀어지는 느낌이 들었었나요?

내담자: 전에도 비슷한 일들이 있었어요. 중학교 때 친구들끼리 자기가 먹던 아이스크림 주면서 '먹으면 내 친구고 안 먹으면 아니야' 그런 장난치는데, 저는 그때도 '난 싫어, 안 먹어.' 그랬던 거, 또 화장실 같이 들어가고 그런 것도 이해가 안 됐거든요. 그런 일이 생각나요.

상담자: 이번뿐 아니라 어렸을 때 친구들과도 비슷한 일이 있었네요.

내담자: 애들은 재미로 친한 표시로 하는 것들인데 저는 하고 싶지 않았고, 그래서 안 한 건데 그러고 나서 느끼는 소외감 같은 거가 떠올라요. 지나고 보면 나만 좀 따로 갔네 하는.

상담자: 소외감이 어떤 점에서 문제가 되나요?

내담자: 어쨌든 전 그런 거 안 해요.

상담자: '그런 거 못해요.'가 아니고, '안 해요.'네요. 단호하게 들렸거든요. 그 말을 다시 한번 해 보겠어요?

(내담자 언어 사용의 특징에 주목하여 실험을 제안한다.)

내담자: 난 그런 거 안 해요. (침묵)

상담자: 지금 어떤 느낌이 드나요?

내담자: 사람들에게 약간 밀어내는 느낌을 줬을 것 같아서 걱정이 돼요.

상담자: 왜 그런 염려를 하시죠?

내담자: (눈물) 그럼 다가올 수가 없으니까요.

상담자: 감정이 움직이네요. 뭔가 중요한 얘기를 하시는 것 같거든요.

내담자: 네, 이 생각을 많이 오래했어요.

상담자: 왜 그 생각을 오래하셨어요?

내담자: 뭔가 아주 확 가까워지진 않는 것 같은 느낌. 사람들하고 사귈 때, 좀 거리가 남는 것 같은 느낌이 내가 그런 걸 주기 때문이 아닐까 하는 생각을 많이 했거든요.

상담자: 사람들하고 좀 거리감이 있는 게 뭔가 외롭고, 근데 나한테 원인이 있는 게 아닐까 하는 생각을 많이 하셨네요. 지금 얘기를 들으면서 두 가지 모순된 게 느껴지거든요. 자기도 모르게 반사적으로 '난 그런 거 안 해요.' 하고 독립적인 걸 좋아하는 마음이 한쪽에 있고, 다른 쪽에는 '나 외로운데, 슬픈데.' 하고 느끼는 자기. 상당히 모순이죠. '가까이 오지 마.'라고 하면서 동시에 '혼자만 있는 건 싫어.' 하는 양가적인 마음이네요.

내담자: 그러게요. 제가 그런 마음이 있으니까 상대방도 느낄 것 같아요.

상담자: 느낄 수 있죠.

내담자: 근데 사람들은 어떻게 그냥 그렇게 친해지는지 되게 의아해요.

상담자: 신기하고, 어떻게 저렇게 친해질까 궁금하기도 하군요.

내담자: 거침없고 그런 사람들이 부러울 때가 많아요.

상담자: 본인을 거침없는 사람이라고 상상한다면 행동이 어떻게 달라질 것 같아요?

내담자: (웃으며) 푼수 같을 것 같아요.

상담자: 웃음이 나면서 푼수, 본인이 푼수라면 기분이 어떨 것 같아요, 푼수 같이 하면 어떨 거 같아요?

내담자: 그렇게 나쁠 것 같지는 않아요. 근데 어색해요. 좀 소외감이 느껴질 때는 제 몸이 딱딱해지면서 모든 자세 하나하나가 로봇처럼 어색해지는 것 같거든요.

상담자: 그런 마음을 다른 사람한테 얘기할 때 있었어요?

내담자: 친구들한테는 한 적이 없어요.

상담자: 지금 얘기하고 있는데, 기분이 어떠세요?

내담자: 그렇게 나쁘진 않아요.

상담자: 친구들한테는 못했던 얘기인데 지금은 하네요. 친구들한테는 '나 지금 어색해, 혼자 떨어져 있어서 외로워.'라고 왜 못할까요?

내담자: 친구들한테 그 얘기하는 건 어려워요.

상담자: 어렵죠. 푼수가 될 수도 있고, 아니면 바보가 될지도 모르죠. 집단에서 얘기할 수 있을 것 같아요?

내담자: 네……. 했던 적도 있는 것 같고요.

상담자: 했을 때 어땠어요?

내담자: 제 이야기를 할 수 있으니까 다시 섞이는 느낌?

상담자: 그랬을 거 같아요. 자기가 단절돼 있다가 '나 지금 힘들어요, 소외감 느껴요.'라고 하면 다시 연결되잖아요. 지금 여기서도 '나 소외감 느껴요.'라고 말해 줬거든요. 들어보니 놀라기도 하고 또 공감도 되고, 그 얘기 해 주시니까 고맙고 다시 우리 안에 들어오는 느낌도 들거든요. '그랬구나……. 같이 안 놀고 싶어 하는 줄 알았는데.'

내담자: 그리고 보니 아까 산책할 때도 몇 사람에게 얘기했더니 몰랐다

고 했어요.

상담자: 오늘 다루고 싶었던 주제가 뭐였죠?

내담자: 소외감이요.

상담자: 왜 다루고 싶었죠?

내담자: 소외감을 느끼는 게 싫고 혹시 내가 사람들을 소외시키는 건 없나 하는 걸 알고 싶기도 해서요.

상담자: 또 소외감 느낄 때 어떻게 벗어날 수 있는가 하는 것도 알고 싶었을 것 같아요.

내담자: 네, 맞아요.

상담자: 소외감을 느낄 때 어떻게 벗어날 수 있는지 지금 같이 얘기를 한 것 같거든요. 혹시 얘기하면서 느껴진 게 있나요?

······(중략)······

상담자: 이분법이 되어 버렸네요. 나도 그런 경험이 많이 있기 때문에 공감이 되거든요. 내 속에서 순식간에 프로세스가 일어나고 믿어 버리는 거죠. 지금 기분이 어떠세요?

내담자: 제가 뭘 안 했는지는 알고 있었는데 그런 생각의 여러 프로세스가 있었고 그걸 내가 했다는 생각은 안 했던 것 같아요. 이미 상황은 벌어졌고 나는 방법은 모르겠고······. 수동적이고 무력했던 것 같은데, 그 생각을 적극적으로 한 게 나라는 걸 알아차리니까 좀 가벼워지는 것 같아요. 좀 선명해져요.

상담자: 반갑네요. 눈앞이 좀 걷히는 느낌이 드네요. 그럼 여기까지 할까요?

내담자: 네.

12장
게슈탈트 상담의 미래

1. 사례연구의 활성화

게슈탈트 상담자들은 워크숍이나 라이브 시연을 통해 서로 어떻게 치료하고 있는지를 보여 주고 공유하는 데 개방적이다. 많은 시연이 촬영되고 녹화되어 게슈탈트 상담자 훈련을 위한 교육 자료로 활용되고 있다. 그러나 상대적으로 자신의 상담 작업을 글로 쓰고 사례 연구로 남기는 경우는 흔치 않은 게 사실이다. 대신 게슈탈트 상담자들은 짧은 순간적인 만남에 대한 기록을 선호하는 것 같다. 이것은 아마도 '~에 대하여 이야기하기(talking about)' 보다는 '~에게 직접 이야기하기(talking to)'를 지향하는 게슈탈트 상담의 특성 때문일 것이다.

이에 비해 정신분석가들은 전통적으로 사례에 대한 풍부한 기록을 남겨 왔다. 알려진 바와 같이 Freud는 인간 경험에 대해 매우 관심이 많긴 했으나 현상학적인 접근이 아니라 뉴턴식 패러다임을 따랐다. 즉, 복잡한 인간 현상을 보편타당한 일련의 법칙과 원칙으로 환원시켜서 설명하는 데 관심이 많았다. Freud는 의학적 모델의 영향을 받은 분석가로, 사람을 물질적 대상인 것처럼 기술하였고 환자에 대한 이론을 공식화하여 치료에 활용하였다. 따라서 정신분석에서는 이론을 환자의 사례에 적용하여 사례공식화를 잘 하는 것이 매우 중요하다.

이와 대조적으로 게슈탈트 상담은 포스트모더니즘 세계관에 기초해 있고 끊임없이 상호작용하는 장 안에 있는 인간의 복잡성과 상대성을 인정한다. 지나친 단순화와 객관화, 내담자의 실제를 고정시키는 진단의 위험성을 경계하는 게슈탈트 상담자는 자신의 상담 사례를 자세히 기록하고 분석하는 데 큰 흥미가 없는 듯하다. 게다가 상담 과정을 미리 정해 놓을 수 없고 그 순간의 장에 따라 많은 것이 결정되는 게슈탈트 상담과 같은 접근에서는 사례연구가 쉽지 않다. 그러나 방향성을 갖고 상담에 임하기 위해서는 개념의 도움을 받을 필요가 있으며 게슈탈트 상담에 입문하는 수련생에게 사례연구는 매우 유용한 도구가 될 수 있다. 게슈탈트 상담의 발전을 위해서는 보다 적극적인 사례연구가 필요해 보인다.

2. 연구의 필요성

20세기에 들어 심리학 내에서는 큰 변화가 있었는데 바로 19세기 유럽을 중심으로 한 철학적 심리학에서 경험적, 연구 기반, 미국 주도적인 심리학으로의 전환이다(Haggbloom et al., 2000). 그러나 실존적 및 현상학적 접근인 게슈탈트 상담의 기본 개념들은 철학적이고 미학적인 경우가 많을 뿐만 아니라 미리 정해진 의제나 계획을 따르기보다 지금 여기에서의 과정 중심으로 진행되는 특성상 전통적인 연구 방식과는 잘 맞지 않는 부분이 있다. 또한 정신분석의 지나친 주지화에 대한 반동으로 시작된 게슈탈트 상담의 창시자들은 상대적으로 연구에는 관심을 덜 기울인 것으로 보인다. 그 결과 게슈탈트 상담은 이론적 기반이 약하고 경험적 연구가 부족하다는 비판을 받아 왔다.

그럼에도 불구하고 지난 수십 년에 걸쳐 여러 나라에서 다양한 연구가 이루어져 왔으며 연구에 대한 중요성은 더욱 강조되고 있다(Brownell, 2014, 2016; Fisher, 2017; Roubal, 2016). 특히 게슈탈트 상담에서 자주 사용되는 빈 의자 기법의 효과가 많이 입증되어 왔는데, 빈 의자 기법은 인지행동치료, 스키마 치료, 정서중심치료 등에서도 널리 사용되고 있다(Kellogg, 2004). 인간중심상담과 게슈탈트 상담을 접목하여 독자적으로 정서중심치료를 개발한 Greenberg는 빈 의자 기법의 효과에 대해 가장 많은 연구를 한 대표적인 치료자이다(Greenberg, 1979; Greenberg & Higgins, 1980; Greenberg & Malcolm, 2002; Pavio & Greenberg, 1995).

최근에는 Brownell(2016)이 세계 여러 나라의 게슈탈트 상담 연구 동향을 정리하여 소개하기도 하였다. 영국에서는 Stevens, Stringfellow, Wakelin과 Warning(2011)이 핵심성과도구(Clinical

Outcomes in Routine Evaluation: CORE)를 사용하여 게슈탈트 상담이 다른 접근의 상담만큼 효과적이라는 것을 밝혔다. 이 연구에 참가한 내담자 중 22%는 불안, 18%는 우울 또는 대인관계 어려움을 호소한 사람들이었고, 11%는 낮은 자존감, 나머지는 사별, 직장, 학업 문제, 신체적 문제, 트라우마나 학대, 중독, 섭식장애, 정신증을 가지고 있었는데, 게슈탈트 상담은 인지행동적 접근, 인간중심접근, 정신역동적 접근과 비교했을 때 동등한 효과가 있는 것으로 나타났다. 이란에서는 Saadati와 Lashani(2013)가 34명의 이혼 여성을 대상으로 게슈탈트 상담 집단과 통제 집단을 비교하였는데, 게슈탈트 상담은 이혼 후 자기 존중감과 자기 효능감 상승에 유의미한 효과가 있었다. 그 밖에 호주와 뉴질랜드에서도 활발한 연구가 이루어져 왔으며, 독일은 게슈탈트 상담에 대한 경험연구가 가장 활발하게 이루어진 나라 중 하나이다.

우리나라에서는 독일 유학을 마치고 성신여자대학교 심리학과에 부임한 김정규 교수를 통해 1990년대에 게슈탈트 상담이 본격적으로 보급되기 시작했는데, 2002년에는 한국임상심리학회 산하에 게슈탈트연구회가 발족하였고, 2006년에 창설되었던 한국게슈탈트포럼이 2010년에 한국게슈탈트치료학회(현 한국게슈탈트상담심리학회)로 발전하면서 30여 년에 걸쳐 꾸준한 성장을 이루며 저변을 넓혀 왔다.

한국게슈탈트상담심리학회는 2010년에 발족한 이후 현재까지 매년 평균 2회의 학술 대회를 개최해 왔으며, Morgan Goodlander, Sylvia F. Crocker, Lynne Jacobs, Gary Yontef, Philip Brownell,

Michael Vincent Miller, Hans Waldemar Schuch 등을 초청하여 활발한 교류와 배움의 장을 마련해 왔다.

특히 한국게슈탈트상담심리학회에서 2011년부터 연 2회 발간하고 있는 『한국게슈탈트상담연구』는 게슈탈트 상담 연구에 있어 중추적인 역할을 해 왔다. 『게슈탈트상담연구』에는 우울감(고일다, 2011; 장경혜, 김정규, 2014), 학교부적응(이은비, 김정규, 2013), 따돌림(신용우, 김정규, 2014), 분노와 충동성(김숙희, 김정규, 2014), 대인관계 어려움(이지현, 김정규, 2014), 폭식 행동(이소영, 김정규, 2015) 등 다양한 영역에서 게슈탈트 상담의 효과를 확인한 연구들이 발표되어 왔다. 그러나 이상하(2013)가 1996년부터 2013년까지 국내 5개 학회지에 실린 게슈탈트 상담 관련 논문들을 분석한 결과를 보면, 한국심리학회 산하의 주요 3개 학술지에 게재된 게슈탈트 상담 논문 수는 연 평균 1편인 것으로 나타나 지난 20여 년에 걸쳐 발표된 논문 대부분이 『한국게슈탈트상담연구』에 치중되어 있음을 알 수 있다. 이는 게슈탈트 상담이 심리상담의 주요 접근 중 하나로 자리 잡아 온 것에 비하여 상대적으로 게슈탈트 상담자들의 연구 활동이 활발하지 않다는 것을 보여 준다. 또한 게슈탈트 집단상담 프로그램을 시행한 결과에 대한 성과 연구가 18편으로 가장 많았던 데 비해, 과정연구나 사례연구, 검사 및 도구 개발 연구는 매우 적었다. 특히 게슈탈트 상담의 구체적 효과를 측정할 수 있는 도구가 없다는 것은 게슈탈트 상담이 현대 심리상담의 영역에서 지속적으로 성장하고 발달하는 데 걸림돌이 된다고 생각된다. 한편 최근에는 동향 분석을 넘어 대상 및 개입

영역에 따른 게슈탈트 상담의 효과에 관한 메타분석(남보라, 2017; 이미숙, 2018; 조하은, 장현아, 2018)이 이루어져 게슈탈트 상담의 효과를 확인하였다.

살펴본 바와 같이 점차 많은 연구가 이루어지고 있기는 하지만, 아직은 만족스러운 단계에 도달했다고 말하기 어렵다. 특히 게슈탈트 상담 이론에 근거한 척도의 개발과 타당화, 증상 및 문제 영역에 따른 세분화된 상담 절차의 개발과 효과 검증이 필요할 것으로 생각된다.

3. 게슈탈트 상담 영역의 확장

현대는 매우 세분화된 전문 사회여서 각 영역 내에서는 깊은 지식을 축적해 왔지만, 전체적인 맥락 속에서 연결성을 잃거나 단편적인 부분에만 주목한다면 자칫 중요한 것들을 간과할 수 있다. 게슈탈트 상담이 가진 가장 큰 특징 중 하나는 유기체와 환경을 이원론적으로 바라보지 않고 하나의 전체로 봄으로써 폭넓은 시야를 제공한다는 점인데, 이러한 게슈탈트 상담의 전체론적 관점은 우리의 사고를 개별 유기체에서 유기체를 둘러싼 환경, 지금도 살아 움직이며 변화하고 있는 장, 더 나아가 우주적인 세계관으로까지 확장시켜 준다. 또한 게슈탈트 상담은 인간을 일방적으로 사회에 적응하게 만드는 보수적인 접근이 아니라, 이 사회를 보다 인간에게 필요한 환경으로 바꾸어 나가는 데에도 책임이 있음을 강조한다.

게슈탈트 상담은 이미 개인 상담센터나 병원뿐 아니라 학교, 기업, 경찰 및 군부대, 재활 기관, 정부 기관, 종교 기관 등 다양한 세팅에서 활용되고 있으며 학생, 회사원, 공무원, 주부, 교사 등의 다양한 집단, 아동에서 노인에 이르기까지 폭넓은 연령의 대상에게도 적용 가능하다. 그러나 게슈탈트 상담의 정신을 생각해 보면 여기에서 더 나아가 우리 사회에서 차별과 배제의 대상이 되는 소수자, 사회 체계의 부조리로 인해 어려움을 겪거나 억압받는 사회적 약자, 인간으로서의 존엄을 보장받지 못하는 이들에게도 더 적극적인 관심을 가질 필요가 있다. 모든 인간의 삶에 그가 속한 장 전체가 복잡하게 상호작용하여 영향을 주고 있지만, 특히 이들의 경우에는 문제의 원인과 해결이 모두 개인 내적인 요인뿐 아니라 환경적 요인과 깊이 관여되어 있다. 장 이론에 기반을 둔 게슈탈트 상담자는 상담 시간에 내담자와의 대화적 관계에 참여하고자 자신을 조율하려는 노력 못지않게 내담자가 처한 사회문화적 환경, 즉 장의 변화를 위한 활동의 중요성을 인식해야 할 것이다. 내담자를 대신해 변화의 대리인이 되거나 책임을 떠안는 태도는 경계해야겠지만, 장 관여적인 상담자라면 내담자가 처한 억압과 차별, 부조리한 사회 현실에 무관심하지 않을 것이며 사회 변화를 만들어 가는 데 있어서 보다 다양하고 폭넓은 역할을 수행할 수 있으리라 생각한다.

참고문헌

고일다(2011). 중년 여성의 우울 감소를 위한 게슈탈트 관계성 향상 프로그램의 개발 및 효과. 게슈탈트상담연구, 1(1), 33-50.

김숙희, 김정규(2014). 비행청소년의 분노와 충동성 조절을 위한 게슈탈트 관계성 향상 프로그램 효과 예비연구. 게슈탈트상담연구, 4(2), 89-118.

김정규(2010). 게슈탈트 관계성 향상 프로그램 매뉴얼. 게슈탈트미디어.

김정규(2015). 게슈탈트 심리치료. 서울: 학지사.

김한규(2013). 퍼얼스이즘과 퍼얼스 이후의 게슈탈트 치료. 한국게슈탈트상담연구, 3(2), 39-56.

남보라(2017). 아동·청소년 대상 게슈탈트 집단 프로그램의 효과에 관한 메타분석. 광운대학교 대학원 석사학위논문.

신용우, 김정규(2014). 초등학교 고학년의 집단따돌림 예방을 위한 게슈탈트 집단상담 프로그램의 효과. 한국게슈탈트상담연구, 4(2), 69-86.

이미숙(2018). 청소년을 대상으로 한 게슈탈트 집단상담 프로그램 효과에 대한 메타분석. 경북대학교 대학원 석사학위논문.

이상하(2013). 한국게슈탈트치료의 연구동향: 학술지 게재 논문을 중심으로. 한국게슈탈트상담연구, 3(3), 11-25.

이소영, 김정규(2015). 폭식성향 여성에 대한 신체중심 게슈탈트 집단치료의 효과. 한국게슈탈트상담연구, 5(2), 71-91.

이은비, 김정규(2013). 게슈탈트 관계성 향상 프로그램(GRIP)이 여자 중학생의 우울, 자기개념, 대인관계에 미치는 영향. 한국게슈탈트상담연구,

4(2), 69-84.

장경혜, 김정규(2014). 도시 빈곤 여성의 우울 감소를 위한 게슈탈트 집단 심리치료 프로그램 개발과 효과 연구. 한국게슈탈트상담연구, 4(2), 23-48.

조하은, 장현아(2018). 게슈탈트 집단치료 프로그램이 부정정서에 미치는 효과에 대한 메타분석. 인문사회 21, 9(6), 1129-1144.

Beisser, A. (1970). The paradoxical theory of change. In J. Fagan & I. Shepherd (Eds.), *Gestalt therapy now* (pp. 77-80). Palo Alto, CA: Science and Behavior Books.

Binderman, R. M. (1974). The issue of responsibility in gestalt therapy. *Psychotherapy: Theory, Research and Practice, 11*(3), 287-288.

Bohm, D. (1980). *Wholeness and the Implicate Order.* New York, NY: Routledge Classics.

Brownell, P. (2002). Pychological testing—a place in gestalt therapy? *British Gestalt Journal, 11*(2), 99-107.

Brownell, P. (2008b). Faith: An existential, phenomenological, and biblical integration. In J. H. Ellens (Ed.), *Miracles: God, science, and psychology in the paranormal, vol. 2*, medical and therapeutic events (pp. 213-234). Westport, CT: Praeger.

Brownell, P. (2010). *Gestalt therapy: A guide to contemporary practice.* New York, NY: Springer.

Brownell, P. (2014). C'mon now, let's get serious about research. *Gestalt Review, 18*(1), 6-22.

Brownell, P. (2016). Contemporary Gestalt Therapy. In D. J. Cain, K. Keenan, & S. Rubin (Eds.), *Humanistic Psychotherapies: Handbook of practice* (2nd ed., pp. 219-250). Washington: APA.

Brownell, P. (Ed.) (2008a). *Handbook for theory, research, and practice in Gestalt therapy.* Newcastle, England: Cambridge Scholars.

Buber, M. (1958). *I and Thou,* trans. R. G. Smith. New York: Charles Scribner & Sons. (Original work published 1923).

Callaghan, G., Gregg, J., Marx, B., Kohlenberg, B., & Gifford, E. (2004). FACT: The utility of anintegration of functional analytic psychotherapy and acceptance and commitment therapy to alleviate human suffering. *Psyhotherapy: Theory, Research, Practice, Training, 41*(3), 195-207.

Clarkson, P. (1989). *Gestalt Thearpy in Action.* London: Sage.

Clarkson, P., & Mackewn, J. (1993). *Fritz Perls.* London: Sage.

Cohn, R. (1970). Therapy in groups: Psychoanalytic, experiential, and gestalt. In J. Fragan & I. Shepherd (Eds.), *Gestalt therapy now: Theory, techniques, application.* Palo Alto, CA: Science and Behavior Books.

Combs, A. (1952). Intelligence from a perceptual point of view. *Journal of Abnormal and Social Psychology, 47*(3), 662-673.

Crocker, S. (1999). *A well-lived life: Esssential in gestalt therapy.* Cambridge, MA: Gestalt Institute of Cleveland Press.

Crocker, S., & Philippson, P. (2005). Phenomenology, existentialism, and eastern thoughts. In A. Woldt & S. Toman (Eds.), *Gestalt therapy, history, theory, and practice* (pp. 65-80). Thousand Oaks, CA: Sage.

Dolliver, R. H. (1981). Some limitations in Perls' gestalt therapy. *Psychotherapy, History, Research and Practice, 18*(1), 38-45.

Dublin, J. E. (1977). Gestalt Therapy, Existential-Gestalt Therapy and/versus "Perlsism". In E. W. L. Smith (Ed.), *The Growing Edge of Gestalt Therapy*(pp. 124-150). Secaucus, NJ: Citadel Press.

Enright, J. (1970). Awareness training in the mental health propessions. In J. Fagan & I. Shepherd (Eds.), *Gestalt Therapy Now.* Palo Alto:

Science and Behavior Books.

Fagan, J., & Shepherd, I. L. (1970). *Gestalt Therapy Now*. Palo Alto, CA: Science and Behavior Books.

Fisher, S. (2017). Relational attitudes in gestalt theory and practice. *Gestalt Review, 21*(1), 2-6.

Gladding, S. T. (2004). The potential and pitfall of William Glasser's New Vision for Counseling. *The Family Journal, 12*, 342-343.

Gladding, S. T., & Cox, E. (2008). Family snapshots: A descriptive classroom exercise in memory and insight. *The Family Journal, 16*, 381-383.

Gold, M. (Ed.) (1999). *The Complete Social Scientist: A Kurt Lewin Reader*. Washington, DC: American Psychological Association.

Goldstein, K. (1939). *The organism: A holistic approach to biology derived from pathological data in man*. New York: Zone Books.

Goodman, P. (1951). Novelty, excitement and growth (Vol. 2). In F. H. Perls, R. Hefferline, & P. Goodman, *Gestalt therapy: Excitement and growth in the human personality*. New York, NY: Julian Press.

Greenberg, L. S. (1979). Resolving splits: Use of the two chair technique. *Psychotherapy: Theory, Research & Practice, 16*(3), 316-324.

Greenberg, L. S., & Higgins, H. M. (1980). Effects of two-chair dialogue and focusing on conflict resolution. *Journal of Counseling Psychology, 27*(3), 221-224.

Greenberg, L. S., & Malcolm, W. (2002). Resolving unfinished business: Relating process to outcome. *Journal of Consulting and Clinical Psychology, 70*(2), 406-416.

Heidbreder, E. (1933). Gestalt Psychology. *In Seven Psychologies* (pp. 328-375). New York, NY: Century Com.

Horney, K. (1950). *Neurosis and human growth*. New York: Norton.

Hycner, R. (1985). Dialogical Gestalt Therapy: An Initial Proposal. *Gestalt Journal, 8*(1), 41-54.

Hycner, R., & Jacobs, L. (1995). *The healing relationship in gestalt therapy: A dialogic/self psychology approach*. Highland, NY: Gestalt Journal Press.

Jacobs, L. (1989). Dialogue in gestalt therapy. *The Gestalt Journal, 12*(1), 25-67.

Jacobs, L. (1995). Dialogue in gestalt theory and therapy. In R. Hycner & L. Jacobs (Eds.), *The healing relationship in gestalt therapy* (pp. 51-84). Highland, NY: The Gestalt Journal Press.

Jacobs, L. (2009). Relationality: Foundational Assumption. In D. Ullman & G. Wheeler (Eds.), *CoCreating the Field: Intention and Practice in the Age of Complexity* (pp. 45-73). New York, NY: A Gestalt Press Book.

James, W. (1890). *Principles of Psychology*. New York: Cosimo, Inc.

Joyce, P., & Sills C. (2003). *Skills in Gestalt Counselling and Psychotherpy*. London Thousand Oaks New Delhi: SAGE Publications.

Kellogg, S. (2004). Dialogical encounters: Contemporary perspectives on "chairwork" in psychotherapy. *Psychotherapy: Theory, Research, Practice, Training, 41*, 310-320. http://dx.doi.org/10.1037/0033-3204.41.3.310

Kim, J., & Daniels, V. (2008). Experimental freedom. In P. Brownell(Ed.), *Handbook for theory, research, and practice in Gestalt therapy* (pp. 198-277). Newcastle, England: Cambridge Scholars.

Knijff, E. (2000). *De therapeut als clown, randopmerkingen van een Gestalttherapeut*. EPO, Berchem.

Koffka, K. (1935). *Principles of Gestalt Psychology*. New York: Harcourt, Brace & World.

Kounin, J. (1963). Field theory in psychology: Kuet Lewin. In J. Wepman & R. Heine (Eds.), *Concepts of personality* (pp. 142–161). Hawthorne, NY: Aldine.

Kovel. J. (1976). *A complete Guide to Therapy*. London: penguin (reprinted 1991).

Köhler, W. (1938). Some Gestalt Problems. In W. Ellis (Ed.), *A Sourcebook of Gestalt Psychology*, London: Routledge & Kegan Paul.

Latner, J. (1983). This is the speed of light: field and systems theories in Gestalt therapy. *The Gestalt Jouranl, (VI)*2, 71–90.

Latner, J. (1992). The theory of Gestalt therapy. In E. C. Nevis (Ed.), *Gestalt therapy: Perspectives and applications*. New York: Gardner.

Laura. P. (1992). Concepts and misconceptions of gestalt therapy. *Journal of Humanistic Psychology, 32*(3), 50–56.

Lee, R. G. (2002). Ethics: A Gestalt of values/the values of Gestalt–A next step. *Gestalt Review, 6*(1), 27–51.

Lewin, K. (1951). *Field theory in social science: Selected theoretical papers*. New York: Harper & Row.

Lobb, M., & Lichtenberg, P. (2005). Classical Gestalt Therapy Theory. In A. Woldt & S. Toman (Eds.), *Gestalt Therapy: history, Theory, and Practice* (pp. 21–40). Thousand Oaks, CA: Sage.

Mackewn, J. (1997). *Developing Gestalt counselling*. London, England: Sage.

Man Leung, G. S. K., Leung, T. Y., & Tuen, Ng, M. L. (2013). An outcome study of gestalt–oriented growth workshops. *International Journal of Group Psychotherapy, 63*, 117–125.

Mann, D. (2010). *Gestalt therapy: 100 key points and techniques*. New York, NY: Routledge.

Masson, J. (1989). *Against Therapy*. London; Collins.

Naranjo, C. (1970). Present-centeredness: Technique, prescription and ideal. In J. Fagan & I. L. Shepherd (Eds.), *Gestatlt Thearpy Now*. New York: Harper & Row.

O'Leary, E. (1992). *Gestalt Therapy: Theory, Research and Practice*. New York: Chapman & Hall.

O'Leary, E. (2013). *Gestalt Therapy Around the World*. West sussex, UK: Willey-Blackwell.

O'Neill, B., & Gaffney, S. (2008). Field theoretical strategy. In P. Brownell (Ed.), *Handbook for theory, research, and practice in gestalt therapy* (pp. 228-256). Newcastle, UK: Cambridge Scholars Press.

Parlett, M. (1991). Reflections on field theory. *British Gestalt Journal, 1*(2), 69-81.

Parlett, M. (2005). Contemporary Gestalt Therapy: Field Theory. In A. Woldt & S. Toman (Eds.), *Gestalt Therapy, History, Theory and Practice* (pp. 41-65). Thousand Oaks, CA: Sage Publications, Inc.

Pavio, S. C., & Greenberg, L. S. (1995). Resoving "unfinished business": Efficacy of experiential therapy using empty-chair dialogue. *Journal of Consulting and Clinical Psychology, 63*(3), 419-425.

Perls, F. (1970a). Dreamseminars. In J. Fagan & I. Shepherd (Eds.), *Gestalt therapy now: Theory, techniques, application*. Palo Alto, CA: Science and Behavior Books.

Perls, F. (1970b). Four Lectures. In J. Fagan & I. Shepherd (Eds.), *Gestalt Therapy Now*. Palo Alto, CA: Science and Begavior Books.

Perls, F., Hefferline, R., & Goodman, P. (1951). *Gestalt Theapy*. New York: Julian Press.

Perls, F. S. (1969a). *In and Out the Garbage Pail*. Lafayette, CA: Real People Press.

Perls, F. S. (1969b). *Gestalt Therapy Verbatim.* Bantam, Toronto.

Perls, F. S. (1973). *The gestalt approach and eye witness to therapy.* New York: Science & Behavior Books.

Perls, L. (1992). Concepts and Misconceptions of Gestalt Therapy. *Journal of Humanistic Psychology, 32*(3), 50-56.

Polster, E. (1995). *A population of selves: A therapeutic exploration of personal diversity.* San Francisco, CA: Jossey Bass.

Polster, E., & Polster, M. (1973). *Gestalt Therapy Integrated.* New York: Vintage Books.

Polster, E., & Polster, M. (1974). Notes on the training of Gestalt therpists. *Voices, 10*(3), 38-44.

Roubal, J. (2009). Experiment: A creative phenomenon of the field. *Gestalt Review, 13,* 263-276.

Roubal, J. (2012). The three perspectives diagnostic model (How can diagnostics be used in the gestalt approach and in psychiatry without an unproductive competition). *Gestalt Journal of Australia and New Zealand, 8*(2), 21-53.

Roubal, J. (2016). *Towards a Research Tradition in Gestalt Therapy.* Newcastle. UK: Cambridge scholars publishing.

Ruth Chu-Lien Chao (2015). *Counseling Psychology: An Integrated Positive Psychological Approach.* John Wiley & Sons, Ltd.

Saadati, H., & Lashani, L. (2013). Effectiveness of Gestalt therapy on self-efficacy of divorced women. *Procedia: Social and Behavioral Sciences, 84,* 1171-1174. http://doi.org/10.1016/j.sbspro.2013.06.721

Schulz, F. (2013). Roots and shoots of gestalt therapt field theory: Historical and theoretical developments. *Gestlat Journal of Australia and New Zealand, 10*(1), 24-47.

Shepard, M. (1975). *Fritz, an Intimate Portrait of Fritz Perls and Gestalt Therapy.* New York: Saturday Review Press.

Shepherd, I. L. (1976). Gestalt therapy as an open-ended system. In E. W. L. Smith (Ed.), *The Growing Edge of Gestalt Therapy.* Secausus, NJ: Citadel Press.

Shostrom, E. L. (1965). *Three Approaches to Psychotherapy: Part 2 - Fredrick Perls.* Orange, CA: Psychological Films.

Simkin, J. S. (1976). *Gestalt Thearpy Mini-Lectures.* Millbrae, CA: Celestial Arts.

Smith, J. K. A. (2002). *Speech and theology: Language and the logic of incarnation.* Lonoin and New York: Routledge.

Spinelli, E. (2005). *The interpreted world: An introduction to phenomenological psychology* (2nd ed.). Thousand Oaks, CA: Sage.

Stevens, C., Stringfellow, J., Wakelin, K., & Warning, J. (2011). The UK Gestalt psychotherapy CORE research project: The findings. *British Gestalt Journal, 20*(2), 22-27.

Van de Riet, V., Korb, M. P., & Gorrell, J. J. (1980). *Gestalt Therapy: An introduction.* New York: Pergamon.

Wertheimer, M. (1925). Über Gestalttherorie. *Symposium, 1,* 39-60.

Wertheimer, M. (1938). Gestalt Theory. In W. Ellis (Ed.), *A Sourcebook of Gestalt Psychology.* London: Routledge & Kegan Paul.

Wheeler, G. (1991). *Gestalt Reconsidered: A new Approach to Contact and Resistance.* New York: Gardner Press.

Wheeler, G. (2000). *Beyond individualism: Toward a new understanding of self, relationship, and experience.* Hillsdale, NJ: Gestalt Institute of Cleveland Press.

Wheeler, G., & Axelsson, L. (2014). *Gestalt therapy.* American Psychological Association.

Wheeler, G., & Ullman, D. (2009). *CoCreating the Field: Intention and Practice in the Age of Complexity*. New York, NY: A Gestalt Press Book.

Woldt, A., & Toman, S. M. (2005). *Gestalt Therapy: History, Theory, and Practice*. Thosand Oaks, London, New Delhi: Sage Publications. (Lobb, M. S. Cha. 2).

Wolfert, R. (2000). Self experience, Gestalt therapy, science and Buddism. *British Gestalt Journal*, *9*(2), 77–86.

Yontef, G. (1975). A review of the practice of Gestalt therapy. In F. D. Stephenson (Ed.), *Gestalt Therapy Primer*. Springfield: Thomas.

Yontef, G. (1992). Considering Gestalt Reconsidered: A Review in Depth. *Gestalt Journal, 15*(1), 95–118.

Yontef, G. (1993). *Awareness, dialogue and precess: Essays of gestalt therapy*. Highland, NY: Gestalt Journal Press.

Yontef, G. (2001). Relational Gestalt therapy: What it is and what it is not. Why the adjective "relational?" In J. M. Robine (Ed.), *Contact and relationship in a field perspective*. Bordeaux: L'Exprimerie.

Yontef, G. (2002). The relational attitude in gestalt therapy theory and practice. *International Gestalt Journal, 25*(1), 15–34.

Yontef, G. (2007). The Power of the Immediate Moment in Gestalt Therapy. *Journal of Contemporary Psychotherapy, 37*, 17–23.

Yontef, G., & Bar–Yoseph, T. L. (2008). Dialogical relationship. In P. Brownell (Ed.) *Handbook for theory, research, and practice in gestalt therapy* (pp. 184–197). Newcastle, England: Cambridge Scholars.

Yontef, G., & Jacobs, L. (2007). Gestalt therapy. In R. Corsini & D. Wedding (Eds.), *Current psychotherapies* (8th ed., pp. 328–367). Florence, KY: Cengage.

Yontef, G., & Schulz, F. (2016). Dialogue and experiment. *British Gestalt Journal*, *25*(1), 9-21.

Young, J. (2005). Schema-focused cognitive therapy in the treatment of Ms. S. *Journal of Psychotherapy Integration*, *15*, 115-126. http://dx.doi.org/10.1037/1053.0479.15.1.115

Zinker, J. (1977). *Creative Process in Gestalt Therapy*. New York: Vintage.

찾아보기

내용

저자 소개

장현아(Hyun A, Chang)

고려대학교 대학원 문학 석사(임상 및 상담심리)
독일 튀빙겐대학교 대학원 이학 박사(임상 및 심리치료)
현 대전대학교 아동교육상담학과 교수
　한국게슈탈트상담심리학회 학회장

상담 및 심리치료 이론 시리즈 11

게슈탈트 상담
Gestalt Counseling

2021년 1월 10일 1판 1쇄 인쇄
2021년 1월 20일 1판 1쇄 발행

지은이 • 장현아
펴낸이 • 김진환
펴낸곳 • (주) **학지사**

　　　04031 서울특별시 마포구 양화로 15길 20 마인드월드빌딩
대표전화 • 02)330-5114　　　팩스 02)324-2345
등록번호 • 제313-2006-000265호

홈페이지 • http://www.hakjisa.co.kr
페이스북 • https://www.facebook.com/hakjisa

ISBN 978-89-997-2265-3 93180

정가 14,000원

출판 · 교육 · 미디어기업 학지사

간호보건의학출판 **학지사메디컬** www.hakjisamd.co.kr
심리검사연구소 **인싸이트** www.inpsyt.co.kr
학술논문서비스 **뉴논문** www.newnonmun.com
원격교육연수원 **카운피아** www.counpia.com